本書の特色と使い方

ゆっくりていねいに、段階を追った学習ができます。支援学級などでの個別指導にも最適です。

・問題量に配慮した、ゆったりとした紙面構成で、読み書きが苦手な子どもでも、ゆっくりていねいに段階を追って学習することができます。

・漢字が苦手な子どもでも学習意欲が減退しないように、問題文の全ての漢字にふりがなを記載しています。

光村図書国語教科書から抜粋した詩・物語・説明文教材、ことば・文法教材の問題を掲載しています。

・教科書掲載教材を使用して、授業の進度に合わせて予習・復習ができます。

・目次に 教科書 マークがついている単元は、教科書の本文が掲載されていません。教科書をよく読んで学習しましょう。

どの子も理解できるよう、文章読解を支援する工夫をしています。

・長い文章の読解問題の場合は、読みとりやすいように、問題文を二つなどに区切って、問題文と設問に1、2…と番号をつけ、短い文章から読みとれるよう配慮しました。

・読解のワークシートでは、設問の中で着目すべき言葉に傍線（サイドライン）を引いておきました。

・記述解答が必要な設問については、答えの一部をあらかじめ解答欄に記載しておきました。

習意欲をはぐくむ工夫をしています。

・解答欄をできるだけ広々と書きやすいよう配慮しています。

・内容を理解するための説明イラストなども多数掲載しています。イラストは色塗りなども楽しめます。

ークシートの解答例について（お家の方や先生方へ）

本書の解答は、あくまでもひとつの「解答例」です。お子さまに取り組ませる前に、必ず指導される方が問題を解いてください。指導される方の作られた解答をもとに、お子さまの多様な考えに寄り添って○つけをお願いします。

ゆっくり　ていねいに学べる

国語教科書支援ワーク

（光村図書の教材より抜粋）

もくじ　2－①

たんぽぽ

名まえ

つぎの しを 二《に》かい よんで、こたえましょう。

たんぽぽ

「たんぽぽさんって、
まぶしいのね。
ひまわりさんの 子《こ》で、
お日《ひ》さまの まごだから。」
と、ちょうちょうが きいた。
たんぽぽは、
うふんと わらった。

※まご…その 人《ひと》の 子《こ》どもが 生《う》んだ 子《こ》ども。
ここでは、お日《ひ》さまの 子《こ》どもの
子《こ》どもの こと。

（令和二年度版 光村図書 国語二上 たんぽぽ まど・みちお）

(1) 「たんぽぽさんって、まぶしいのね。」と きいたのは、だれですか。

(2) ちょうちょうが、たんぽぽの ことを「まぶしいのね。」と おもったのは、なぜですか。○を つけましょう。

（　）たんぽぽさんは お日《ひ》さまの 子《こ》だから。

（　）たんぽぽさんは、ひまわりさんの 子《こ》で、お日《ひ》さまの まごだから。

(3) ちょうちょうの ことばを きいた たんぽぽは、どう しましたか。

［　　　］と わらった。

ふきのとう (1)

名まえ

つぎの 文《ぶん》しょうを 二《に》かい 読《よ》んで、こたえましょう。

1

よが あけました。
あさの ひかりを あびて、
竹《たけ》やぶの 竹《たけ》の はっぱが、
「さむかったね。」
「うん、さむかったね。」
と ささやいて います。

2

雪《ゆき》が まだ すこし
のこって、
あたりは ㋐しんと して
います。

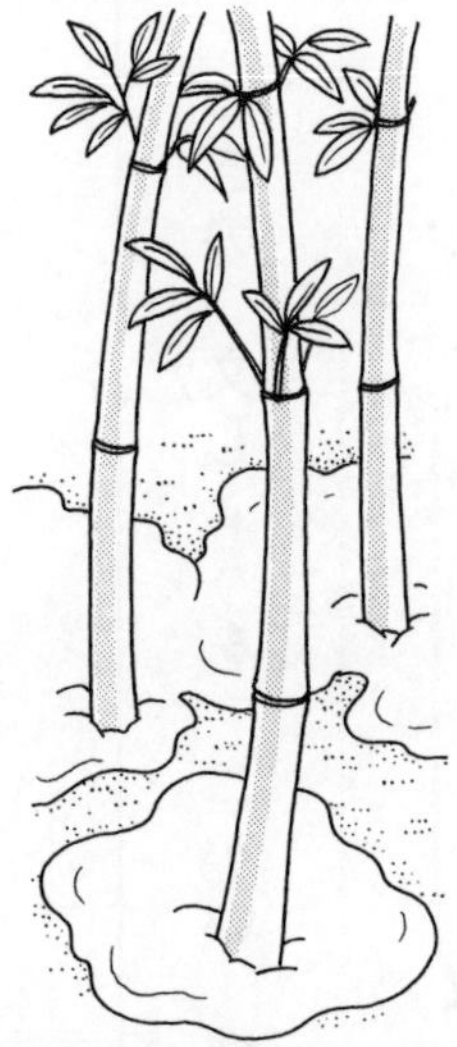

（令和二年度版 光村図書 国語二上 たんぽぽ くどう なおこ）

1

(1) 一日《いちにち》の うちの、いつの できごとですか。○を つけましょう。一《ひと》つに

（　）あさ早《はや》く
（　）ゆうがた
（　）よる

(2) 「さむかったね。」と ささやいて いるのは、だれですか。

2

(1) 竹《たけ》やぶに ある 雪《ゆき》は、どう なって いますか。

まだ すこし　　　　　います。

(2) ㋐しんととは、どんな ようすですか。○を つけましょう。

（　）さむい ようす。
（　）しずかな ようす。

ふきのとう ⑵

名まえ

つぎの 文《ぶん》しょうを 二《に》かい 読《よ》んで、こたえましょう。

1

どこかで、㋐小《ちい》さな こえが
しました。
「よいしょ、よいしょ。
おもたいな。」
竹《たけ》やぶの そばの
ふきのとうです。

2

雪《ゆき》の 下《した》に あたまを
出《だ》して、
雪《ゆき》を どけようと、
ふんばって いる
ところです。
「よいしょ、よいしょ。
そとが 見《み》たいな。」

（令和二年度版 光村図書 国語二上 たんぽぽ くどう なおこ）

1

(1) ㋐小《ちい》さな こえを 出《だ》したのは、だれですか。

（　　　　　　　　）

(2) ふきのとうは どこに いますか。

（　　　　　　の そば。）

2

(1) ふきのとうは、なにを どけようと ふんばって いる ところですか。

（　　　　　　　　）

(2) ふきのとうは、なにが したいと 言《い》って いますか。一《ひと》つに ○を つけましょう。

（　）雪《ゆき》が 見《み》たい。
（　）雪《ゆき》の そとが 見《み》たい。
（　）雪《ゆき》あそびが したい。

ふきのとう ⑶

名まえ

つぎの 文《ぶん》しょうを 二《に》かい 読《よ》んで、こたえましょう。

1

（ふきのとうは、雪《ゆき》の 下《した》に あたまを 出《だ》して、雪《ゆき》を どけようと ふんばって います。）

「ごめんね。」
と、雪《ゆき》が 言《い》いました。
「㋐わたしも、早《はや》く とけて 水《みず》に なり、とおくへ 行《い》って あそびたいけど。」
と、上《うえ》を 見上《みあ》げます。

2

「竹《たけ》やぶの かげに なって、㋑お日《ひ》さまが あたらない。」
と ざんねん そうです。

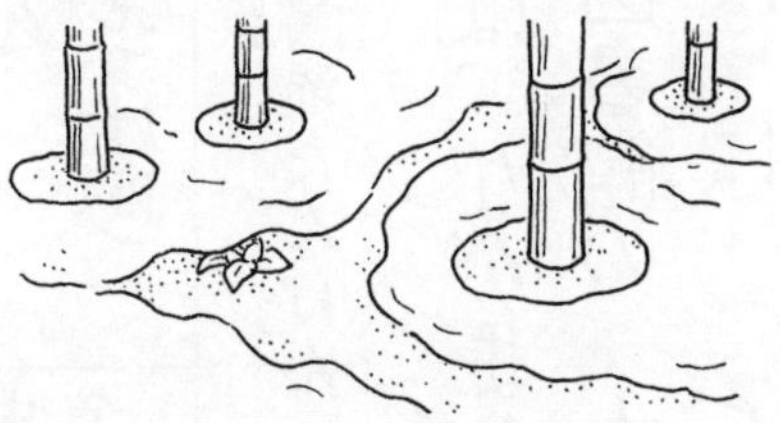

（令和二年度版 光村図書 国語二上 たんぽぽ くどう なおこ）

1

(1) 「ごめんね。」と ふきのとうに 言《い》ったのは、だれですか。

(2) ㋐わたしとは だれの ことですか。

2

(1) ㋑お日《ひ》さまが あたらないのは、どうしてですか。○を つけましょう。

（　）竹《たけ》やぶの かげに なって いるから。

（　）お日《ひ》さまが 出《で》て こないから。

(2) 雪《ゆき》は、どんな ようすでしたか。

□ そうな ようす。

本《ほん》は ともだち

図《と》書《しょ》館《かん》たんけん

（図《と》書《しょ》館《かん》での 本《ほん》の 見《み》つけ方《かた》）

名まえ

きょうか書《しょ》の「図《と》書《しょ》館《かん》たんけん」を 読《よ》んで、こたえましょう。

(1) 図《と》書《しょ》館《かん》の 本《ほん》は、なかま分《わ》けされて ならんで います。
つぎの 文《ぶん》で、図《と》書《しょ》館《かん》の 本《ほん》の 分《わ》け方《かた》や ならべ方《かた》で あって いる ほうに ○を つけましょう。

①
（　）日本《にほん》の むかしばなしの 本《ほん》は、「ずかん」の ところに おいて ある。
（　）虫《むし》の 名《な》まえが 分《わ》かる 本《ほん》は、「ずかん」の ところに おいて ある。

②
（　）「うらしまたろう」と 「かぐやひめ」は、おなじ たなに おいて ある。
（　）やさいの そだて方《かた》が 分《わ》かる 本《ほん》と、「かぐやひめ」は おなじ たなに おいて ある。

(2) つぎの 本《ほん》を 図《と》書《しょ》館《かん》で さがす とき、どの たなを さがしますか。――せんで むすびましょう。

① 「ももたろう」の おはなしの 本《ほん》。 •　　　• 「こうさく」や 「おんがく」に ついての 本《ほん》が ある たな。

② おりがみの おり方《かた》の 本《ほん》。 •　　　• 「ものがたり」や 「し」の 本《ほん》が ある たな。

きせつの ことば1

春《はる》が いっぱい (1)

名まえ

つぎの 春《はる》の 絵《え》を 見《み》て、こたえましょう。

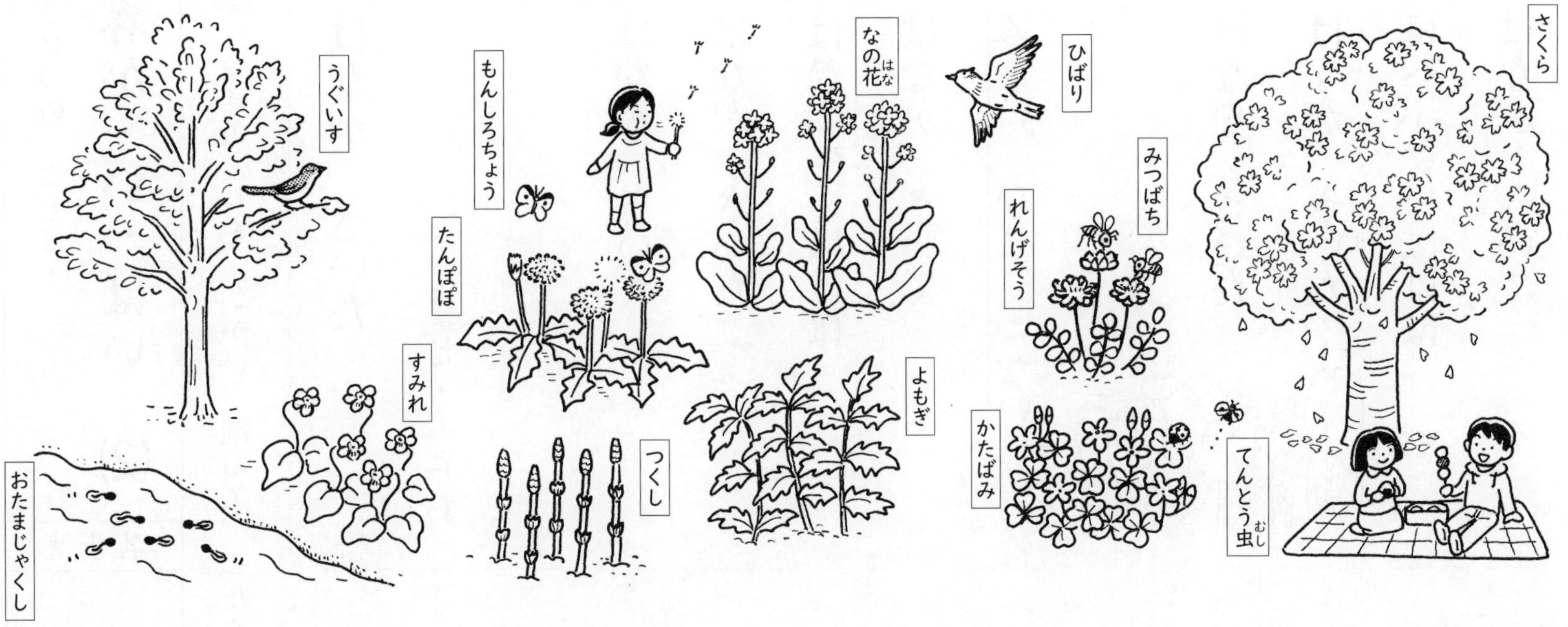
さくら
ひばり
みつばち
れんげそう
てんとう虫《むし》
かたばみ
なの花《はな》
よもぎ
もんしろちょう
たんぽぽ
つくし
うぐいす
すみれ
おたまじゃくし

(1) 春《はる》に かんけいの ある 花《はな》や 草《くさ》の 名《な》まえを 四《よっ》つ 書《か》きましょう。

(2) 春《はる》に かんけいの ある 生《い》きものの 名《な》まえを 三《みっ》つ 書《か》きましょう。

きせつの ことばー

春《はる》が いっぱい ⑵

名まえ

つぎの しを 二《に》かい 読《よ》んで、こたえましょう。

はなが さいた

まど・みちお

はなが さいた
はなが さいた
はひふへ ほほほ
はなが さいて
㋐みない ひと いない

はなが さいた
はなが さいた
ほへふひ ははは
はなが さいて
おこる ひと いない

⑴ 「はひふへ ほほほ」、「ほへふひ ははは」と こえに 出《だ》して 読《よ》むと、どんな 気《き》もちに なりますか。一《ひと》つに ○を つけましょう。

（　）かなしい
（　）たのしい
（　）さびしい

⑵ ㋐みない ひと いないと おなじ ことを あらわして いる 文《ぶん》を 一《ひと》つ えらんで、○を つけましょう。

（　）みんなが みる。
（　）だれも みない。
（　）みる ひとと みない ひとが いる。

⑶ はなが さくと、「みない ひと」の ほかに、どんな ひとも いないと いって いますか。

（令和二年度版 光村図書 国語二上 たんぽぽ まど・みちお）

きょうの できごと (1)

名まえ

つぎの 日記《にっき》の 文《ぶん》しょうを 二《に》かい 読《よ》んで、こたえましょう。

1

四月十八日《しがつじゅうはちにち》（土曜日《どようび》）はれ
夕方《ゆうがた》、おかあさんが コロッケを つくって いました。

2

ぼくが 見《み》て いたら、おかあさんが、「いっしょに つくろうか。」と 言《い》ったので、ぼくも おてつだいを する ことに しました。

（令和二年度版　光村図書　国語二上　たんぽぽ「きょうの　できごと」による）

1

(1) いつの ことを 書《か》いた 日記《にっき》ですか。○を つけましょう。

（　）四月十八日《しがつじゅうはち》の あさ。

（　）四月十八日《しがつじゅうはちにち》の 夕方《ゆうがた》。

(2) おかあさんが つくって いたのは、なんですか。

2

(1) 「いっしょに つくろうか。」と 言《い》ったのは、だれですか。

(2) 「ぼく」が なにを した ことを 書《か》いた 日記《にっき》ですか。

コロッケを つくる ＿＿＿＿ を した こと。

きょうの できごと (2)

名まえ

つぎの 日記《にっき》の 文《ぶん》しょうを 二《に》かい 読《よ》んで、こたえましょう。

1

〔夕方《ゆうがた》、ぼくは、コロッケを つくる おてつだいを する ことに しました。〕

ぼくは、じゃがいもと、ひき肉《にく》と、玉《たま》ねぎを まぜた ものを まるめました。きれいな かたちに するのが むずかしかった ㋐ 、だんだん じょうずに できるように なりました。

2

夕《ゆう》ごはんの まえに、できたてを あじみ しました。㋑ころもが かりっと して いて、おいしかったです。

（令和二年度版 光村図書 国語二上 たんぽぽ 「きょうの できごと」による）

1

(1) おてつだいを した とき、ぼくは、なにを しましたか。一《ひと》つに ○を つけましょう。

（　）ざいりょうを きった。
（　）ざいりょうを まぜた。
（　）ざいりょうを まぜた ものを まるめた。

(2) ㋐ に あてはまる ことばに ○を つけましょう。

（　）けれど
（　）ので

2

㋑「ころもが…おいしかったです。」の 一文《いちぶん》は、「ぼく」が なにを して 思《おも》った ことを 書《か》いた 文《ぶん》ですか。

〔できたての コロッケを ＿＿＿ して 思《おも》った こと。〕

ともだちを　さがそう　(1)

名まえ

ゆうえんちで　まいごの　おしらせを　して　います。　つぎの　おしらせの　文《ぶん》しょうを　読《よ》んで、こたえましょう。

まいごの　おしらせを　します。
やまだけんたさんと　いう　六《ろく》さいの　男《おとこ》の子《こ》が、
まいごに　なって　います。
けんたさんは、黒《くろ》と　白《しろ》の　よこの　しまもようの
シャツを　きて、白《しろ》い　ぼうしを　かぶり、リュックサックを
せおって　います。

● つぎの　①〜④の　絵《え》の　中《なか》から、けんたさんの　せつめいに　あてはまる　絵《え》を　一《ひと》つ　えらんで、記《き》ごうを　書《か》きましょう。

記《き》ごう　□

きて　いる　ふくや
もって　いる　ものを
よく　たしかめよう。

①
②
③
④

ともだちを さがそう (2)

名まえ

つぎの 絵《え》の 人《ひと》に ついて、まいごの おしらせを しようと 思《おも》います。絵《え》を よく 見《み》て、もんだいに こたえましょう。

はじめに、名《な》まえと 年《ねん》れいを つたえよう。それから、「ふくそう」や、「もちもの（つれて いる もの）」に ついて、よく たしかめて おしらせしよう。

● つぎの 文《ぶん》の □に あてはまる ことばを □から えらんで 書《か》きましょう。

① うえだ えみさんと いう 六《ろく》さいの □の 子《こ》です。

② えみさんは、□の ついた ぼうしを かぶって いて、水玉《みずたま》もようの □を はいて います。

③ 小《ちい》さな □を つれて います。

・男《おとこ》	・花《はな》	・スカート	・犬《いぬ》
・女《おんな》	・リボン	・ズボン	・ねこ

ともだちを さがそう（3）

（ひらがなで 書《か》くと おなじ ことば）

名まえ

● 絵《え》に あう ことばを □に ひらがな 二《に》文字《もじ》で 書《か》きましょう。また、その ことばと おなじ 言《い》い方《かた》を する ものの 絵《え》と ——せんで つなぎましょう。

①

あめ

②

③

④

し

⑤
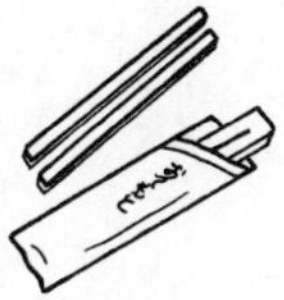

それぞれの 絵《え》の ことばを こえに 出《だ》して 言《い》って みよう。
たとえば、たべる「あめ」と、「あめ（雨《あめ》）」の 「あ」と 「め」は、おなじ たかさかな。それとも、ちがったかな。
ひらがなで 書《か》くと おなじ ことばでも、どの 音《おと》が たかいのか などで、くべつ できる ことが あるよ。

いなばの 白《しろ》うさぎ (1)

名まえ

きょうか書《しょ》の 「いなばの 白《しろ》うさぎ」を 読《よ》んでもらって、こたえましょう。

(1) だれが 出《で》て きましたか。出《で》て きた 人《ひと》や どうぶつ 四《よっ》つに ○を つけましょう。

（　）うさぎ
（　）オオクニヌシ
（　）オオクニヌシの 兄《にい》さんたち
（　）オオクニヌシの 弟《おとうと》たち
（　）わに（さめ）
（　）きつね

(2) オオクニヌシは どのような 人《ひと》でしたか。あてはまる もの 三《みっ》つに ○を つけましょう。

（　）あらそいを きらう 人《ひと》。
（　）しごとを しない 人《ひと》。
（　）やさしい 人《ひと》。
（　）八十人《はちじゅうにん》の 兄弟《きょうだい》の 中《なか》で いちばん すぐれた 人《ひと》。

(3) わに（さめ）に 毛《け》を むしりとられた、赤《あか》はだかの うさぎを たすけたのは、だれでしたか。

(4) うさぎの 毛《け》が まっ白《しろ》い ふわふわの 毛《け》に もどった のは、どのように したから ですか。○を つけましょう。

（　）しお水《みず》を あびて 風《かぜ》に 当《あ》たったから。
（　）川《かわ》の 水《みず》で よく あらい、がまの ほの 上《うえ》に ねころがったから。

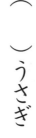

全文読解《ぜんぶんどっかい》

いなばの 白《しろ》うさぎ (2)

名まえ

きょうか書《しょ》の「いなばの 白《しろ》うさぎ」を 読《よ》んでもらって、こたえましょう。

● つぎの ①〜④は、うさぎが オオクニヌシに 話《はな》した ことの じゅんに なって います。（　）に あてはまる ことばを [　] から えらんで 書《か》きましょう。

①

おきのしまに すむ（　　）は、およげません。けたのみさきに わたる よい ほうほうは ないかと 考《かんが》えて、うみに いる（　　）を だます ことを 思《おも》いつきました。

②

「どちらが（　　）か くらべよう。」と、わにさんを ぜんぶ あつめて、けたのみさきまで（　　）に ならばせ、その 上《うえ》を とんで、数《かず》を 数《かぞ》えながら、とんで 行《い》きました。

③

だまされた ことに（　　）わにに、（　　）を むしりとられた うさぎは、赤《あか》はだかに されて しまいました。

④

通《とお》りかかった おおぜいの（　　）に 言《い》われた とおりに しても、いたくなるばかりで、（　　）できません。

※わに……ここでは、さめのこと。

・うさぎ ・一《いち》れつ ・多《おお》い ・わに
・おこった ・がまん ・毛《け》 ・かみさま

この うさぎの お話《はなし》の あと、オオクニヌシが 教《おし》えてくれた ほうほうで、うさぎは ふわふわの 毛《け》の 白《しろ》うさぎに もどりました。

たんぽぽの ちえ (1)

名まえ

つぎの 文《ぶん》しょうを 二《に》かい 読《よ》んで、こたえましょう。

1

春《はる》に なると、
たんぽぽの
黄《き》色《いろ》い きれいな
花《はな》が さきます。

2

二《に》、三日《さんにち》 たつと、
その 花《はな》は しぼんで、
だんだん 黒《くろ》っぽい
色《いろ》に かわって
いきます。

（令和二年度版 光村図書 国語二上 たんぽぽ うえむら としお）

1

(1) たんぽぽの 花《はな》は、いつに なると さきますか。

(2) たんぽぽの 花《はな》は なに色《いろ》ですか。一《ひと》つに ○を つけましょう。

（ ）黄《き》色《いろ》

（ ）きみどり色《いろ》

（ ）赤《あか》色《いろ》

2

(1) たんぽぽの 花《はな》は、どれぐらいの 日《ひ》が たつと、しぼんで いきますか。○を つけましょう。

（ ）つぎの 日《ひ》。

（ ）二《に》、三日《さんにち》。

(2) しぼんだ 花《はな》は、だんだん どのような 色《いろ》に かわって いきますか。

［　　　　］色《いろ》。

たんぽぽの ちえ (2)

名まえ

つぎの 文《ぶん》しょうを 二《に》かい 読《よ》んで、こたえましょう。

1

そうして、たんぽぽの
花《はな》の じくは、
ぐったりと
じめんに
たおれて しまいます。

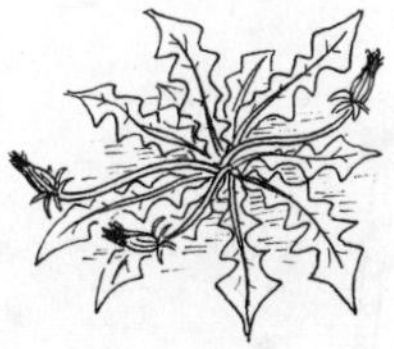

2

けれども、たんぽぽは、
かれて しまったのでは
ありません。花《はな》と じくを
しずかに 休《やす》ませて、
たねに、たくさんの
えいようを おくって
いるのです。
こうして、たんぽぽは、
たねを どんどん
太《ふと》らせるのです。

(令和二年度版 光村図書 国語二上 たんぽぽ うえむら としお)

1 そうして、なにが ぐったりと じめんに たおれて しまいますか。

たんぽぽの 　　　　

2

(1) じくが たおれた たんぽぽは、なにを して いるのですか。二《ふた》つに ○を つけましょう。

(　) かれて しまって いる。

(　) 花《はな》と じくを 休《やす》ませて いる。

(　) たねに えいようを おくって いる。

(2) たんぽぽは、なんの ために たねに えいようを おくって いるのですか。

たねを どんどん 　　　　 ため。

たんぽぽの ちえ (3)

名まえ

つぎの 文《ぶん》しょうを 二《に》かい 読《よ》んで、こたえましょう。

1

やがて、花《はな》は
すっかり かれて、
その あとに、
白《しろ》い わた毛《げ》が
できて きます。

2

この わた毛《げ》の
一《ひと》つ一《ひと》つは、ひろがると、
ちょうど らっかさんの
ように なります。
たんぽぽは、
この わた毛《げ》に
ついて いる たねを、
ふわふわと とばすのです。

※らっかさん

（令和二年度版 光村図書 国語二上 たんぽぽ うえむら としお）

1

(1) 花《はな》が かれた あとに、できて くる ものは、なんですか。

(2) わた毛《げ》の 色《いろ》は、なに色《いろ》ですか。○を つけましょう。

（　）白色《しろいろ》
（　）黄色《きいろ》

2

(1) わた毛《げ》の 一《ひと》つ一《ひと》つが ひろがると、なんのように なりますか。

(2) たんぽぽが とばすものは なんですか。一《ひと》つに ○を つけましょう。

（　）らっかさん。
（　）わた毛《げ》に ついた 花《はな》。
（　）わた毛《げ》に ついて いる たね。

たんぽぽの ちえ (4)

名まえ

つぎの 文《ぶん》しょうを 二《に》かい 読《よ》んで、こたえましょう。

1

（たんぽぽの 花《はな》の じくは、じめんに たおれて、やがて、花《はな》が かれた あとには、白《しろ》い わた毛《げ》が できて きます。）

㋐この ころに なると、それまで たおれて いた 花《はな》の じくが、また おき上《あ》がります。

2

そうして、せのびを するように、ぐんぐん のびて いきます。

（令和二年度版 光村図書 国語二上 たんぽぽ うえむら としお）

1

(1) ㋐この ころとは、いつごろの ことですか。○を つけましょう。

（　）花《はな》の じくが また おき上《あ》がる ころ。

（　）わた毛《げ》が できる ころ。

(2) また おき上《あ》がって くるのは、なんですか。

［　　　　］

2 たおれて いた 花《はな》の じくは、どのように のびて いきますか。

［　　　　］を するように、［　　　　］ のびて いく。

たんぽぽの ちえ (5)

名まえ

つぎの 文《ぶん》しょうを 二《に》かい 読《よ》んで、こたえましょう。

1

〔たおれて いた 花《はな》の じくは、また おき上《あ》がり、ぐんぐん のびて いきます。〕

なぜ、こんな
㋐ことを するのでしょう。
それは、せいを 高《たか》く する ほうが、わた毛《げ》に 風《かぜ》が ㋑よく あたって、たねを とおくまで とばす ことが できるからです。

2

よく 晴《は》れて、風《かぜ》の ある 日《ひ》には、わた毛《げ》の らっかさんは、いっぱいに ひらいて、とおくまで とんで いきます。

（令和二年度版 光村図書 国語二上 たんぽぽ うえむら としお）

1

(1) たんぽぽの ちえの わけが 書《か》いて ある 文《ぶん》は、㋐、㋑の どちらですか。記《き》ごうで こたえましょう。

〔　　〕

(2) わた毛《げ》に 風《かぜ》が よく あたると、どんな ことが できますか。

〔□ を とおくまで とばす こと。〕

2

(1) わた毛《げ》が とおくまで とんで いくのは、どんな 日《ひ》ですか。

〔よく □ て、□ の ある 日《ひ》。〕

(2) その ときの わた毛《げ》の らっかさんは、どんな ようすですか。◯を つけましょう。

（　）すぼんで いる。
（　）いっぱいに ひらいて いる。

たんぽぽの ちえ (6)

名まえ

つぎの 文《ぶん》しょうを 二《に》かい 読《よ》んで、こたえましょう。

1

でも、しめり気《け》の
多《おお》い 日《ひ》や、
雨《あめ》ふりの 日《ひ》には、
わた毛《げ》の らっかさんは、
㋐すぼんで しまいます。

2

それは、わた毛《げ》が
しめって、おもく なると、
たねを とおくまで
とばす ことが
できないからです。

（令和二年度版 光村図書 国語二上 たんぽぽ うえむら としお）

1

(1) わた毛《げ》の らっかさんが ㋐すぼんで いる ようすに 合《あ》う 絵《え》に ○を つけましょう。

（　　）

（　　）

(2) わた毛《げ》の らっかさんは、どんな 日《ひ》には、すぼんで しまいますか。二《ふた》つ 書《か》きましょう。

2

わた毛《げ》が しめって おもく なると、どんな ことが できないのですか。

（　　　　）を とおくまで （　　　　） こと。

たんぽぽの ちえ (7)

名まえ

つぎの 文《ぶん》しょうを 二《に》かい 読《よ》んで、こたえましょう。

1

㋐このように、
たんぽぽは、
いろいろな ちえを
はたらかせて います。

2

そうして、
あちらこちらに
たねを ちらして、
あたらしい なかまを
ふやして いくのです。

（令和二年度版 光村図書 国語二上 たんぽぽ うえむら としお）

1 せつめいする 文《ぶん》しょうで、㋐このようにと いう ことばは、どんな ことばですか。○を つけましょう。

（　）たずねる 文《ぶん》しょうの はじめの ことば。

（　）まとめの 文《ぶん》しょうの はじめの ことば。

2

(1) たんぽぽは、あちらこちらに なにを ちらして いますか。

（　　　　）

(2) たんぽぽが たねを ちらして いるのは、なんの ためですか。

あたらしい［　　　］を［　　　］いく ため。

全文読解《ぜんぶんどっかい》

たんぽぽの ちえ ⑻

名まえ

きょうか書《しょ》の「たんぽぽの ちえ」を 読《よ》んで、こたえましょう。

①〜⑥は、文《ぶん》しょうの じゅんに なって います。（　）に あてはまる ことばを それぞれの [　] から えらんで 書《か》きましょう。

	いつ	どのように なる
①	（　　）に なると、	たんぽぽの （　　）が さく。
②	（　　）たつと、	花《はな》の （　　）は、じめんに たおれる。
③	やがて、	花《はな》は かれて、その あとに、白《しろ》い （　　）が できて くる。
④	この ころに なると、	花《はな》の じくが （　　） おき上《あ》がる。
⑤	よく 晴《は》れて （　　）の ある 日《ひ》には、	わた毛《げ》は、とおくまで とんで いく。
⑥	しめり気《け》の 多《おお》い 日《ひ》や （　　）ふりの 日《ひ》には、	わた毛《げ》の らっかさんは、すぼんで しまう。

〈いつ〉

・雨《あめ》　・風《かぜ》　・春《はる》　・二《に》、三日《さんにち》

〈どのように なる〉

・じく　・わた毛《げ》　・また　・花《はな》

じょうほう

じゅんじょ (1)

名まえ

(1) つぎの 文《ぶん》しょうの 中《なか》から じゅんじょが 分《わ》かる ことばを 三《みっ》つ さがして、□に 書《か》きましょう。

あさがおの たねを まきます。
はじめに、土《つち》に ゆびで あなを あけます。
つぎに、その あなに あさがおの たねを 一《ひと》つずつ 入《い》れて、土《つち》を かけます。
さいごに、たねを まいた ところに、水《みず》を かけます。

[はじめに] [　　] [　　]

(2) つぎの 文《ぶん》しょうは、あさ おきてから する ことを 書《か》いた 文《ぶん》しょうです。じかんの じゅんに なるように、(　)に 1～4の ばんごうを 書《か》きましょう。

(1) あさ おきたら、まず、かおを あらいます。

(　) はを みがいたら、ふくを きがえて 学校《がっこう》に いきます。

(　) つぎに、あさごはんを たべます。

(　) ごはんの あと、はを みがきます。

じょうほう

じゅんじょ (2)

名まえ

つぎの 文《ぶん》しょうを 二回《にかい》 読《よ》んで、こたえましょう。

きゅうしょくとうばんの
じゅんびの ことを
せつめいします。
　はじめに、手《て》を よく
あらいます。
　つぎに、エプロンを きて
ぼうしを かぶります。
マスクも つけます。
　それから、
きゅうしょくしつに
きゅうしょくを
とりに 行《い》きます。
あつい ものや おもい
ものが あるので、気《き》を
つけて はこびましょう。
　㋐さいごに、クラスの
みんなに きゅうしょくを
くばります。

(1) この 文《ぶん》しょうは、なんの ことを せつめい して いる 文《ぶん》しょうですか。

（　　　　　　）の じゅんびの こと。

(2) じゅんじょを あらわして いる つぎの ことばの うち、一《ひと》つ目《め》の ことを あらわす ことばに ○を つけましょう。

（　）はじめに
（　）つぎに
（　）それから

(3) 「㋐さいごに」から はじまる 文《ぶん》は、じゅんじょで いうと、どんな ことを せつめい して いますか。○を つけましょう。

（　）はじめに する こと。
（　）おわりに する こと。

かんさつ名人《めいじん》に なろう (1)

名まえ

つぎの かんさつきろくの 文《ぶん》しょうを 二《に》かい 読《よ》んで、こたえましょう。

五月十八日《ごがつじゅうはちにち》 (月《げつ》) 晴《は》れ
ミニトマトに 黄色《きいろ》い 花《はな》が さきました。
花《はな》は、ほしみたいな 形《かたち》に ひらいて いて、
花《はな》びらは どれも そりかえって います。
花《はな》びらを そっと さわって みたら、
さらさら して いました。

(令和二年度版 光村図書 国語二上 たんぽぽ 「かんさつ名人に なろう」による)

(1) かんさつした 日《ひ》は いつですか。

(2) かんさつした ものは、なんですか。一《ひと》つに ◯を つけましょう。

( )ミニトマトの たね。
( )ミニトマトの 花《はな》。
( )ミニトマトの み。

(3) 見《み》て かんさつした ことは、なんですか。三《みっ》つに ◯を つけましょう。

( )花《はな》の 色《いろ》。
( )花《はな》の 数《かず》。
( )花《はな》の 形《かたち》。
( )花《はな》びらの 形《かたち》。

(4) 花《はな》びらが さらさら して いた ことは、どう やって かんさつして 気《き》づいた ことですか。

そっと □□□□ みた。

かんさつ名人《めいじん》に なろう (2)

名まえ

つぎの かんさつきろくの 文《ぶん》しょうを 二《に》かい 読《よ》んで、こたえましょう。

六月八日《ろくがつようか》(月《げつ》) くもり

ミニトマトの みが 大《おお》きく なって きました。いちばん 大《おお》きな みは、ビー玉《だま》ぐらいです。色《いろ》は、みどり色《いろ》です。さわって みると、つるつるして いました。みの 先《さき》の 方《ほう》には、かれた 花《はな》が ついて いる ことに 気《き》が つきました。㋐かおを 近《ちか》づけたら、赤《あか》い トマトと 同《おな》じ においが しました。

(令和二年度版 光村図書 国語二上 たんぽぽ 「かんさつ名人に なろう」 による)

(1) かんさつした ものは、なんですか。

ミニトマトの ＿＿＿＿。

(2) みの 先《さき》の 方《ほう》を ていねいに かんさつして、どんな ことに 気《き》が つきましたか。

みの 先《さき》の 方《ほう》には、＿＿＿＿が ついて いる こと。

(3) ㋐かおを…しました。の 文《ぶん》は、どんな かんさつを して 分《わ》かった ことですか。一《ひと》つに ○を つけましょう。

見《み》たり、さわったり、においを かいだりして、ていねいに かんさつした ことが くわしく 書《か》いて あるね。

(　)大《おお》きさや 形《かたち》、色《いろ》を 見《み》る。

(　)さわる。

(　)においを かぐ。

同《おな》じ ぶぶんを もつ かん字《じ》 (1)

名まえ

(1) つぎの ぶぶんを もつ かん字《じ》を □ から 三《みっ》つずつ えらんで 書《か》きましょう。

① 木 …

② 田 …

町・林 休・男 村・思

(2) つぎの 文《ぶん》しょうの 中《なか》に、同《おな》じ ぶぶんを もつ かん字《じ》が 二《ふた》つずつ あります。二《ふた》つの かん字《じ》を ○で かこみ、□に 書《か》きましょう。

① 今《いま》、おかあさんの 会社《かいしゃ》に つきました。

今
会

② 小刀《こがたな》で がようしを 切《き》る。

③ 汽車《きしゃ》は、海《うみ》の そばを はしる。

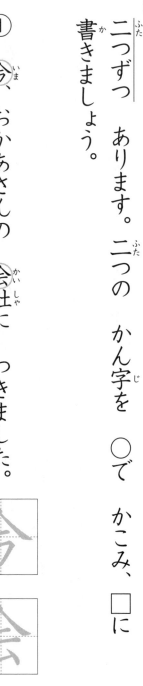

同《おな》じ ぶぶんを もつ かん字《じ》 (2)

名まえ

● つぎの□に あてはまる かん字《じ》を、同《おな》じ ぶぶんに 気《き》を つけて 書《か》きましょう。

① □《がっ》校《こう》で かん□《じ》を ならう。

② □《は》れた □《ひ》は、気《き》もちが よい。

③ 町《ちょう》□《ない》の 店《みせ》で 百《ひゃく》□《えん》の ペンを かう。

④ □《あね》と □《いもうと》が 手《て》を つないで あるく。

⑤ 花《はな》の □《え》を 太《ふと》い □《せん》で かく。

⑥ きょう 聞《き》いた □《はなし》を 日《にっ》□《き》に 書《か》く。

①～⑥の 文《ぶん》で、それぞれ 同《おな》じ ぶぶんを もつ かん字《じ》が 書《か》けたかな。かん字《じ》が 書《か》けたら、同《おな》じ ぶぶんを 赤色《あかいろ》で なぞって みよう。

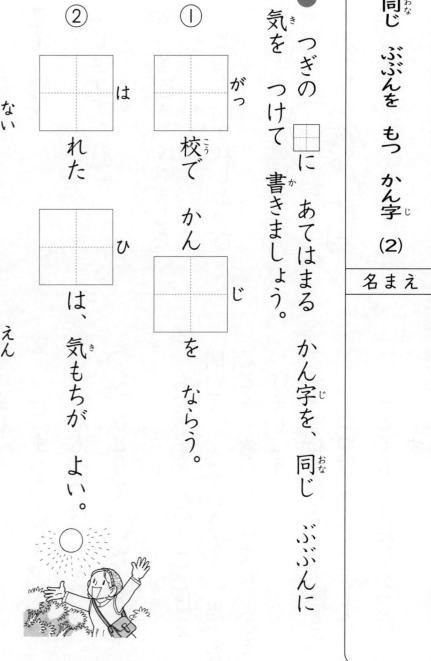

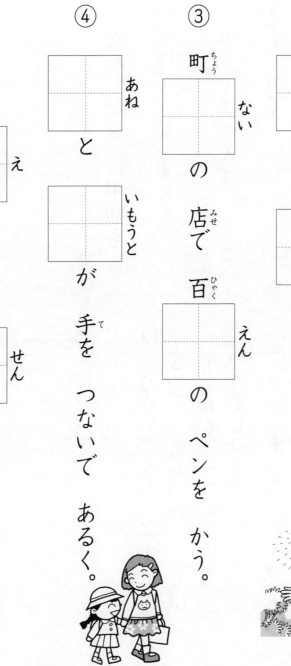

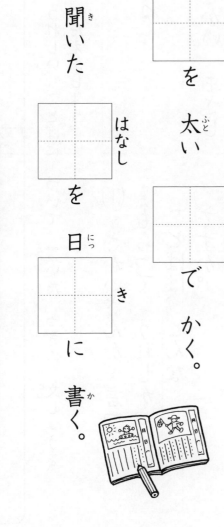

うれしい ことば (1)

名まえ

さかいさんが うれしい ことばに ついて 書《か》いた つぎの 文《ぶん》しょうを、二《に》かい 読《よ》んで、こたえましょう。

じょうずだね

さかい まさし

なわとびを、八十回《はちじゅっかい》も つづけて とべました。あおやまさんが 見《み》て いて、「じょうずだね。」と 言《い》って くれました。とても うれしかった です。

(令和二年度版 光村図書 国語二上 たんぽぽ 「うれしい ことば」より)

(1) さかいさんが 言《い》って もらって うれしかった ことばは、どんな ことばですか。

「　　　　」

(2) さかいさんが どんな ときに 言《い》って もらった ことばでしたか。一《ひと》つに ○を つけましょう。

( )こまった とき。

( )がんばった とき。

( )ひとりで いた とき。

(3) あおやまさんの ことばを 聞《き》いて、さかいさんが 思《おも》った ことを 書《か》いた 一文《いちぶん》に ○を つけましょう。

( )なわとびを、八十回《はちじゅっかい》も つづけて とべました。

( )とても うれしかった です。

うれしい ことば (2)

名まえ

きくちさんが うれしい ことばに ついて 書《か》いた つぎの 文《ぶん》しょうを、二《に》かい 読《よ》んで、こたえましょう。

いっしょに あそぼう

きくち ありさ

ひとりで こうていを
歩《ある》いて いたら、
どいさんが、
「いっしょに あそぼう。」
と さそって くれました。
こんどは、わたしが
さそおうと 思《おも》います。

（令和二年度版 光村図書 国語二上 たんぽぽ 「うれしい ことば」より）

(1) きくちさんが 言《い》われて うれしかった ことばは、どんな ことばですか。

「　　　　」

(2) きくちさんが どんな ときに 言《い》って もらった ことばでしたか。

　　　　 こうていを 歩《ある》いて いた とき。

(3) うれしい ことばを 聞《き》いた きくちさんは、どんな ことを 思《おも》って いますか。書《か》き出《だ》しましょう。

こんどは、

スイミー (1)

名まえ

きょうか書《しょ》の　つぎの　文《ぶん》しょうを　二回《にかい》　読《よ》んで、こたえましょう。

1 (1) 「そっくり」と　おなじ　ことを　あらわす　ことばに　○を　つけましょう。

（　）ぜんぜん　にて　いない。

（　）とても　にて　いる。

(2) スイミーは　岩《いわ》かげに　なにを　見《み》つけましたか。

スイミーの　きょうだいたちと　そっくりの、

〔　　　　　〕の

きょうだいたち

2 スイミーは、小《ちい》さな　魚《さかな》の　きょうだいたちに、なんと　言《い》いましたか。二《ふた》つに　○を　つけましょう。

（　）岩《いわ》かげから　出《で》て　こいよ。

（　）みんなで　あそぼう。

（　）おもしろい　ものを　つくろう。

1

その　とき、岩《いわ》かげに　スイミーは…

から

…魚《さかな》の　きょうだいたちを。

まで

2

スイミーは　言《い》った。「出《で》て…

から

…ものが　いっぱいだよ。」

まで

スイミー (2)

名まえ

きょうか書《しょ》の つぎの 文《ぶん》しょうを 二回《にかい》 読《よ》んで、こたえましょう。

1

「小《ちい》さな 赤《あか》い 魚《さかな》たちは、…

から

…たべられて しまうよ。」

まで

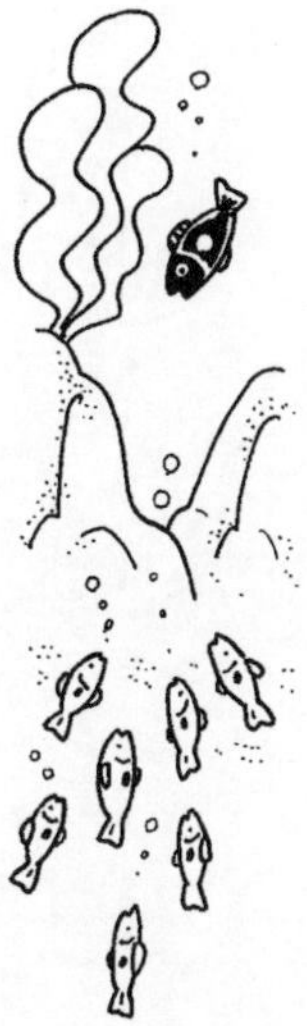

2

「だけど、いつまでも そこに じっと…

から

…うんと かんがえた。

まで

1

(1) 小《ちい》さな 魚《さかな》たちは、なに色《いろ》でしたか。

(2) 小《ちい》さな 魚《さかな》たちは、岩《いわ》かげから 出《で》ると、どうなって しまうと 思《おも》って いますか。

しまう。

2

(1) いつまでも 岩《いわ》かげに いる わけには いかないと 言《い》った のは だれですか。

(2) スイミーは、どんな ことを かんがえましたか。○を つけましょう。

（　）岩《いわ》かげに じっと して いる ほうほう。

（　）岩《いわ》かげから 出《で》ても 大《おお》きな 魚《さかな》に たべられない ほうほう。

スイミー (3)

名まえ

きょうか書《しょ》の　つぎの　文《ぶん》しょうを　二回《にかい》　読《よ》んで、こたえましょう。

1

「それから、とつぜん、
スイミーは…」

から

「…大《おお》きな
魚《さかな》の　ふりを　して。」

まで

2

「スイミーは　教《おし》えた。…」

から

「…もちばを
まもる　こと。」

まで

1 スイミーは、どんな　ことを　かんがえつきましたか。

海《うみ》で　いちばん

[　　　　]の　ふりを　して、みんな

[　　　　]に

およぐ　こと。

2 スイミーは、どんな　ことを　みんなに　教《おし》えましたか。二《ふた》つ　書《か》きましょう。

けっして、

[　　　　]こと。

みんな、

[　　　　]こと。

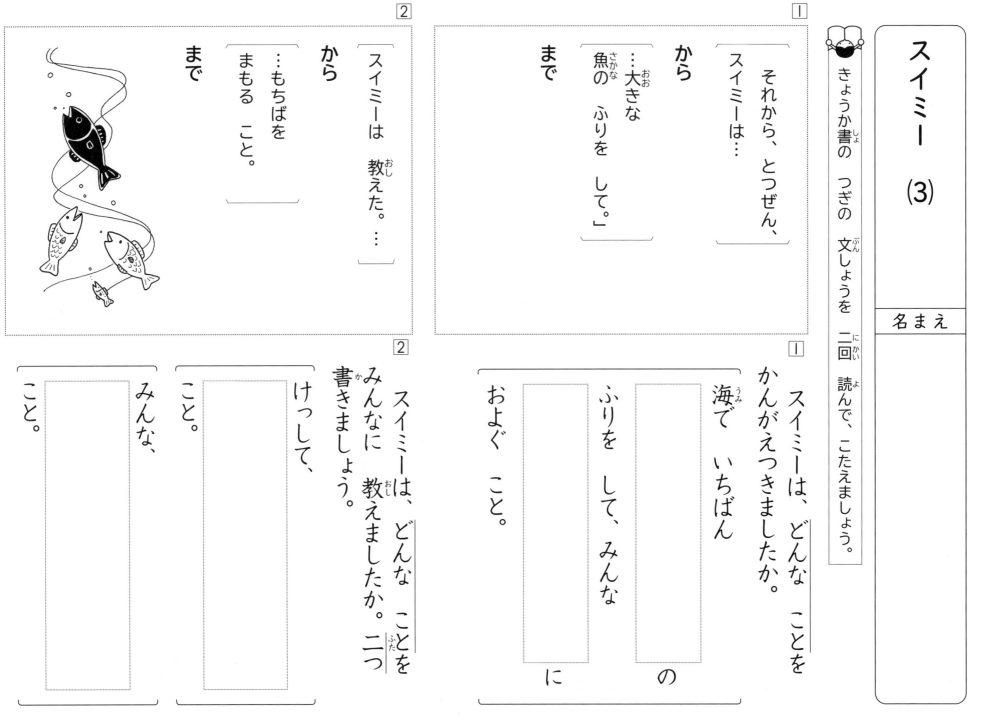

スイミー (4)

名まえ

きょうか書《しょ》の つぎの 文《ぶん》しょうを 二回《にかい》 読《よ》んで、こたえましょう。

1

みんなが、一《いっ》ぴきの 大《おお》きな 魚《さかな》みたいに…

から

…「ぼくが、目《め》に なろう。」

まで

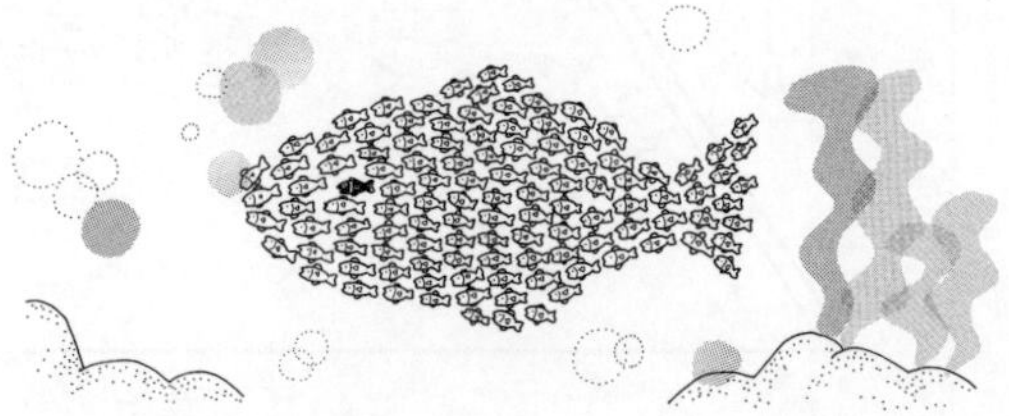

2

あさの つめたい 水《みず》の…

から

…大《おお》きな 魚《さかな》を おい出《だ》した。

まで

1

(1) みんなは、なにみたいに およげるように なりましたか。

(2) 「ぼくが 目《め》に なろう。」と スイミーが 言《い》ったのは、なぜ ですか。□に あてはまる ことばを □から えらんで 書《か》きましょう。

スイミーだけが、□ だから。

・まっか ・まっくろ ・まっしろ

2

みんなは およいで、さいごに どう しましたか。一《ひと》つに ○を つけましょう。

( )大《おお》きな 魚《さかな》から うまく にげた。

( )大《おお》きな 魚《さかな》を おい出《だ》した。

( )大《おお》きな 魚《さかな》と いっしょに およいだ。

かたかなの ひろば (1)

名まえ

つぎの 絵《え》を 見《み》て、もんだいに こたえましょう。

(1) つぎの ①、②の 文《ぶん》の □に あう ことばを、絵《え》の 中《なか》の かたかなの ことばから えらんで 書《か》きましょう。

① □□□で およぐ。

② □□□で 体《からだ》を ふく。

(2) 絵《え》の 中《なか》の ことばを つかって、文《ぶん》を 一《ひと》つ つくりましょう。

〈れい〉 ぶたが、シャワーを あびて います。

絵《え》の 中《なか》で、「だれ（どの どうぶつ）が、なにを して いる」ところなのかを 見《み》つけて、文《ぶん》に 書《か》いて みよう。かたかなの ことばを つかうのも、わすれないでね。

かたかなの ひろば (2)

名まえ

つぎの 絵《え》を 見《み》て、もんだいに こたえましょう。

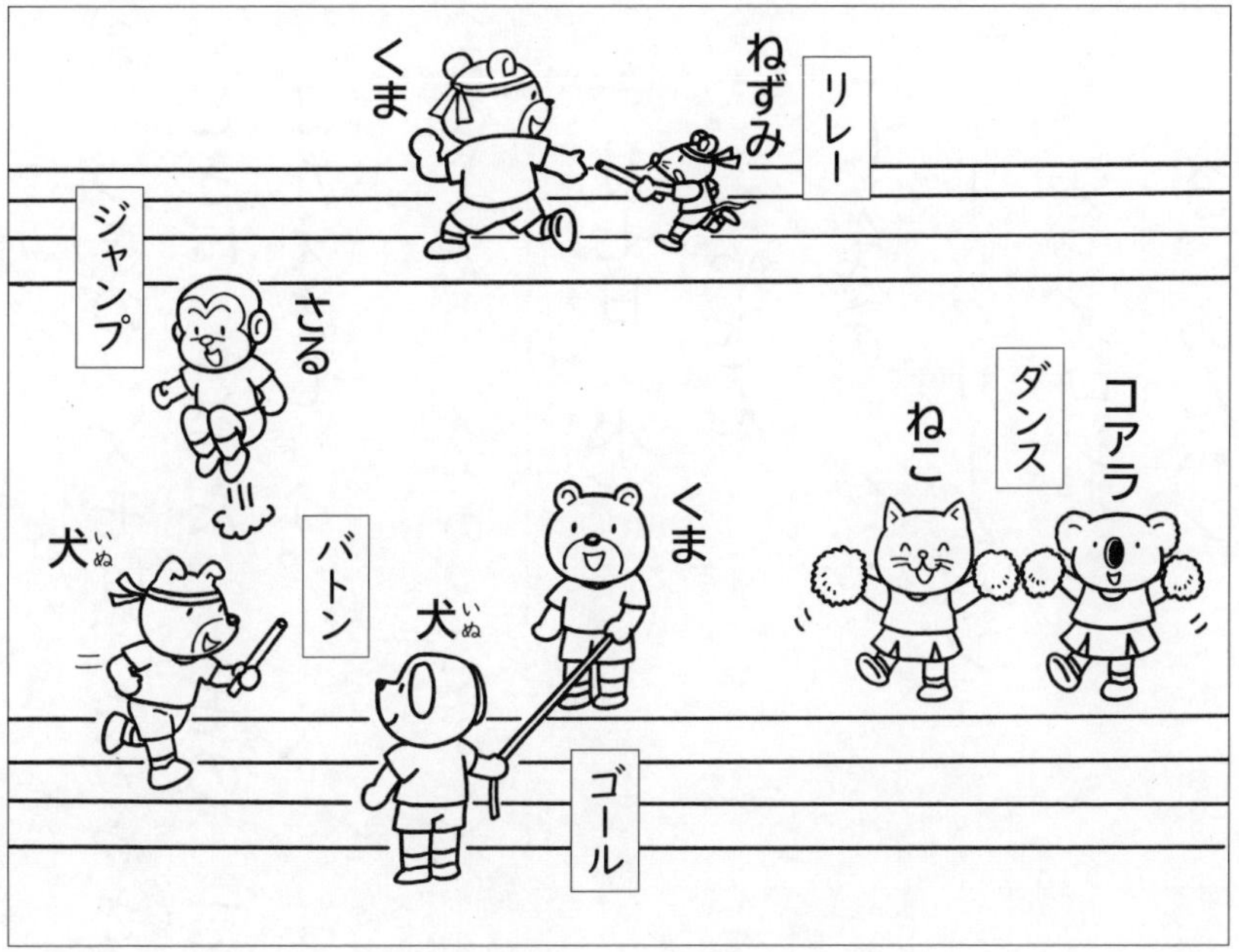

(1) つぎの ①、②の 文《ぶん》の □ に あう ことばを、絵《え》の 中《なか》の かたかなの ことば から えらんで 書《か》きましょう。

① 犬《いぬ》が、□□□ を 目《め》ざして はしる。

② ねこと コアラが、□□□ を する。

(2) 絵《え》の 中《なか》の ことばを つかって、文《ぶん》を 一《ひと》つ つくりましょう。

〈れい〉 くまと 犬《いぬ》が、ゴールの テープを もって います。

じょうほう

メモを とる とき

名まえ

たくやさんの クラスでは、町《まち》たんけんで パンやさんを 見学《けんがく》します。たんけんで 見《み》つけたものや 気《き》づいた ことを、メモする ことに なりました。メモに ついて、つぎの もんだいに こたえましょう。

(1) メモを とる ときは、どんな ことばで 書《か》くと よいですか。○を つけましょう。

（　）できるだけ みじかい ことばで 書《か》く。

（　）長《なが》い 文《ぶん》しょうで くわしく 書《か》く。

(2) つぎの メモは、たくやさんが パンやさんで 話《はなし》を 聞《き》いた ときに とった メモの 一《いち》ぶぶんです。この メモを 見《み》て こたえましょう。

〈たくやさんの メモの 一《いち》ぶぶん〉

六月七日《ろくがつなのか》（水《すい》）
・パンやさん
・にんきの パン
1、クリームパン
2、メロンパン
3、あんパン

① メモを 書《か》いた 日《ひ》づけを 書《か》きましょう。

② たくやさんは、にんきの ある パンの 名前《なまえ》を、1～3の ばんごうを つけて じゅんに メモに 書《か》きました。いちばん にんきの ある パンは なんでしたか。

こんな もの、見《み》つけたよ (1)

名まえ

町《まち》の 中《なか》を たんけんして 見《み》つけた ものを 文《ぶん》しょうに する じゅんびを します。
つぎの ささきさんの 文《ぶん》しょうの 組《く》み立《た》ての れいを 見《み》て、こたえましょう。

(ささきさんの 文《ぶん》しょうの 組《く》み立《た》ての れい)

㋐	中《なか》		㋒
知《し》らせたいこと	くわしい (㋑)		まとめのことば
・きれいな 花《はな》が さいて いる 木《き》を、くじらこうえんで 見《み》つけた。	・ブランコの 後《うし》ろに 生《は》えて いた。 ・木《き》の みきが、つるつる して いる。 ・ピンクの 花《はな》が さいて いる 木《き》が 二本《にほん》、白《しろ》い 花《はな》が さいて いる 木《き》が 一本《いっぽん》、あった。 ・先生《せんせい》に きいて みたら、さるすべりと いう 木《き》だと 教《おし》えて くれた。		・みんなにも、さるすべりの 花《はな》を 見《み》て ほしい。

(令和二年度版 光村図書 国語二上 たんぽぽ 「こんな もの、見つけたよ」による)

(1) ささきさんが 知《し》らせたい ことは どんな ことですか。

きれいな [　　] が
さいている [　　] を、
[　　] で 見《み》つけた こと

(2) この 文《ぶん》しょうの 組《く》み立《た》ての れいを 見《み》て、㋐～㋒に あてはまる ことばを [　] から えらんで 書《か》きましょう。

㋐ ＿＿＿＿

㋑ ＿＿＿＿

㋒ ＿＿＿＿

・おわり　・はじめ　・せつめい

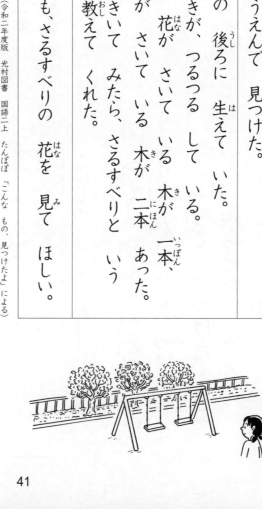

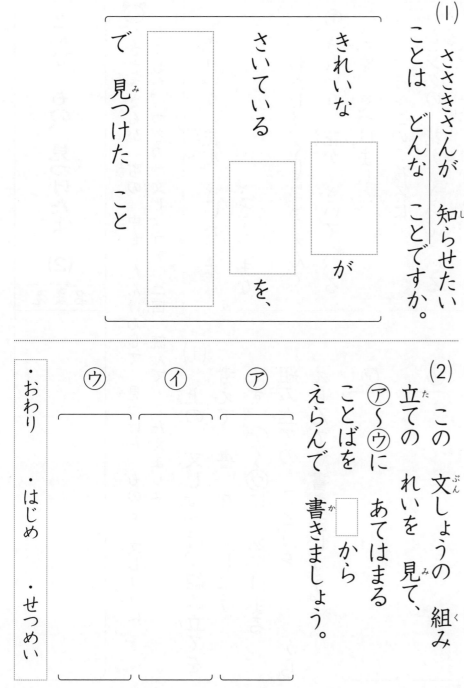

こんな　もの、見《み》つけたよ　(2)

名まえ

ささきさんが　町《まち》の　中《なか》を　たんけんして　見《み》つけた　ものを　文《ぶん》しょうに　しました。つぎの　文《ぶん》しょうを　二回《にかい》　読《よ》んで、こたえましょう。

きれいな　花《はな》が　さいた　木《き》

ささき　まな

㋐
わたしは、くじらこうえんで、きれいな　花《はな》が　さいて　いる　木《き》を　見《み》つけました。

㋑
ブランコの　後《うし》ろに、ピンクの　花《はな》が　さいて　いる　木《き》が　一本《いっぽん》、白《しろ》い　花《はな》が　さいて　いる　木《き》が　二本《にほん》　ありました。木《き》の　みきを　さわって　みると、つるつる　して　いて、びっくり　しました。

先生《せんせい》に　きいて　みたら、「それは、さるすべりの　木《き》ですよ。」と　教《おし》えて　くれました。

㋒
みなさんも、ぜひ、さるすべりの　きれいな　花《はな》を　見《み》に　行《い》って　ください。

（令和二年度版　光村図書　国語二上　たんぽぽ　「こんな　もの、見つけたよ」による）

(1) 上《うえ》の　文《ぶん》しょうは、組《く》み立《た》てを　考《かんが》えて　書《か》いた　文《ぶん》しょうです。㋐～㋒に　あてはまる　組《く》み立《た》ての　ことばを　□　から　えらんで　書《か》きましょう。

㋐（　　）　㋑（　　）　㋒（　　）

・はじめ　・おわり　・中《なか》

(2) ㋐では、どんな　ことが　書《か》いて　ありますか。○を　つけましょう。

（　）町《まち》で　見《み》つけた、人《ひと》に　知《し》らせたい　こと。

（　）人《ひと》から　聞《き》いた　こと。

(3) ㋒では、どんな　ことが　書《か》いて　ありますか。○を　つけましょう。

（　）くわしい　せつめい。

（　）まとめの　ことばで、ささきさんが　いま　思《おも》って　いる　こと。

丸《まる》、点《てん》、かぎ (1)

名まえ

(1) 丸《まる》、点《てん》、かぎの つかい方《かた》を、――線《せん》で むすびましょう。

① 丸《まる》（。） ・　　　・人《ひと》の 話《はな》した ことばに つける。

② 点《てん》（、） ・　　　・文《ぶん》の 中《なか》の 切《き》れ目《め》に うつ。

③ かぎ（「」） ・　　　・文《ぶん》の おわりに つける。

(2) つぎの 文《ぶん》が 正《ただ》しい 書《か》き方《かた》に なるように、□に 丸《まる》（。）か 点《てん》（、）を つけましょう。

① わたしたちは［、］ すなばで あそびました［。］

② 白《しろ》い ぼうしの 女《おんな》の子《こ》は □ ぼくの 妹《いもうと》です □

③ 書《か》きじゅんに 気《き》を つけて □ 字《じ》を 書《か》きましょう □

④ さくらの 花《はな》を 見《み》ると □ 春《はる》だなあと 思《おも》います □

丸《まる》（。）は、文《ぶん》の おわりに つけよう。点《てん》（、）を つけると、文《ぶん》しょうが どこで くぎれて いるか 分《わ》かって、読《よ》みやすく なるよ。

丸《まる》、点《てん》、かぎ (2)
（丸《まる》と 点《てん》）

名まえ

● つぎの ①、②の 文《ぶん》しょうを それぞれ 二《ふた》つの 文《ぶん》に します。正《ただ》しい 書《か》き方《かた》に なるように、□に 丸《まる》（。）と 点《てん》（、）を 二《ふた》つずつ つけましょう。

①

わたしのうちでは□犬《いぬ》を
かっています□わたしが学《がっ》
校《こう》からかえってくるとう
れしそうにしっぽをふりま
す□

②

きのう□ともだちとこう
えんに行《い》くとちゅう□つば
めのすを見《み》つけました□い
つのまにできたのだろうと
びっくりしました□

丸《まる》（。）や 点《てん》（、）を 書《か》く ばしょに 気《き》を つけましょう。

もし、文《ぶん》の おわりの 文字《もじ》が、行《ぎょう》の さいごに きた ときは、つぎの ように 書《か》きましょう。（㋐ 文字と いっしょに ますの 中《なか》に 書くか、㋑ ますの 下《した》に 書《か》く。）

㋐ つばめのすを見つけました。

㋑ つばめのすを見つけました。

点《てん》（、）や、かぎ（「」）の おわりも 同《おな》じように 書《か》きます。

丸《まる》、点《てん》、かぎ (3)
（点《てん》）

名まえ

● つぎの 文《ぶん》が 読《よ》みやすく なるように、点《てん》（、）を 一《ひと》つずつ うって 書《か》きなおしましょう。

〈れい〉 雨《あめ》が やんだので かさを とじました。

雨《あめ》が やんだので、かさを とじました。

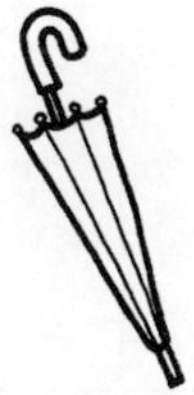

① 先生《せんせい》に わけを きいてみると すぐに 教《おし》えてくれました。

② しゅくだいを した あと おやつを たべました。

点《てん》（、）は、文《ぶん》の 切《き》れ目《め》に うちます。ここでは、二《ふた》つの 文《ぶん》を つないで できた 文《ぶん》を 分《わ》かりやすく する ために、点《てん》（、）を うって います。

丸《まる》、点《てん》、かぎ ⑷

（丸《まる》と 点《てん》）

名まえ

● つぎの 文《ぶん》が 読《よ》みやすく なるように、丸《まる》（。）と 点《てん》（、）を 一《ひと》つずつ つけて 書《か》きなおしましょう。

〈れい〉 ぼくたち きょうだいは こうえんに 行《い》きました

ぼくたち きょうだいは、こうえんに 行《い》きました。

① 水《すい》そうの 中《なか》の 魚《さかな》が すいすいと およいで います

② プレゼントを もらった 妹《いもうと》は とても よろこびました

丸《まる》（。）は、文《ぶん》の おわりに つけます。
また、点《てん》（、）は、文《ぶん》の 切《き》れ目《め》に うちます。
ここでは、「なにが（だれが）、どうする。」や、「なには（だれは）、どうする。」のような 文《ぶん》の 中《なか》で、文《ぶん》を 分《わ》かりやすく するために 点《てん》（、）を つけて います。

丸《まる》、点《てん》、かぎ(5)

(文《ぶん》の いみが かわる 点《てん》)

名まえ

● 文《ぶん》の いみが 絵《え》に あうように、点《てん》(、)を 一《ひと》つずつ つけて 書《か》きなおしましょう。

〈れい〉このばしょではきものをぬぐ。

(はきもの)

このばしょで、はきものをぬぐ。

(きもの)

このばしょでは、きものをぬぐ。

点《てん》(、)を うつ ところが ちがうと、文《ぶん》の いみが かわる ことが あります。

① このふたつかいます。

(ふた)

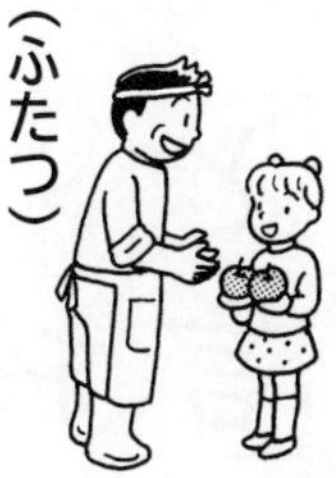
(ふたつ)

② ぼくはいしゃになりたい。

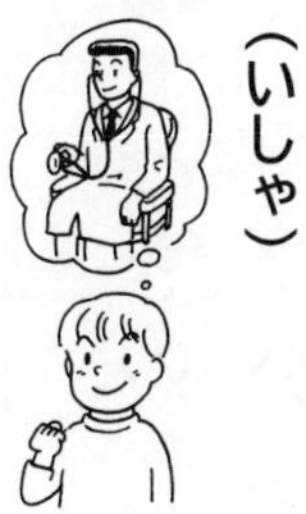
(いしゃ)

(はいしゃ)

丸《まる》、点《てん》、かぎ ⑹
（かぎ）

名まえ

● つぎの 文《ぶん》しょうが 正《ただ》しい 書《か》き方《かた》に なるように、□に かぎ（「」）を 一《ひと》つずつ つけましょう。

①

ぼくは、たくやくんに、
□おにごっこをしよう。□
と言《い》いました。

②

水《みず》やりのしごとをしてい
たら、えりちゃんが、
□てつだうよ。□
と言《い》ってくれました。

③

おねえちゃんが、
□おやつをたべよう。□
と言《い》って、クッキーをおさ
らにのせてくれました。

かぎは、会話《かいわ》（人《ひと》が 話《はな》した ことば）に つけます。
行《ぎょう》を かえて 書《か》かれて いる ところです。
かぎを 書《か》く ばしょにも 気《き》を つけましょう。

「（はじまり）
。」（おわり）

丸《まる》、点《てん》、かぎ ⑺

名まえ

● つぎの 文《ぶん》しょうが 正《ただ》しい 書《か》き方《かた》に なるように、□に 丸《まる》（。）、点《てん》（、）、かぎ（「」）を 一《ひと》つずつ つけましょう。

①
おばあちゃんは［、］
［「］また、あそびにおいで［」］。
と言《い》いました［。］

②
さとしがサッカーボールをもってやってきて□
□いっしょにあそぼう□。
と言《い》いました□

③
おかあさんに花《はな》の名《な》前《まえ》をきいてみたら□
□それは、すみれの花《はな》よ□。
と教《おし》えてくれました□

丸《まる》、点《てん》、かぎ ⑻

名まえ

● つぎの 文《ぶん》しょうを 読《よ》んで、もんだいに こたえましょう。

□ひる休《やす》みに□みさきちゃ
んが□
□おにごっこしよう□
とさそってくれました□わ
たしは□
□なわとびがいいな□
と言《い》いました

① 右《みぎ》の 文《ぶん》しょうの □に 丸《まる》（。）を 四《よっ》つ つけましょう。

② 右《みぎ》の 文《ぶん》しょうの □に 点《てん》（、）を 三《みっ》つ つけましょう。

③ 右《みぎ》の 文《ぶん》しょうの □に かぎ（「」）を 二《に》かしょ つけましょう。

〈ヒント〉

②① 丸《まる》（。）は、文《ぶん》の おわりに つけます。
点《てん》（、）は、文《ぶん》の 切《き》れ目《め》に うちます。 ここでは、「ひる休《やす》みに」と いう じかんを あらわす ことばの あとと、「○○が（は）」の あとに うちましょう。

③ かぎ（「」）は、会話《かいわ》に つけます。
一《ひと》つの ます目《め》に 丸《まる》（。）と かぎ（「」）が 入《はい》る ところが 」。 あります。

あったら いいな、こんな もの

名まえ

「あったらいいな。」と 思《おも》う ものを 考えて います。考《かんが》えて いる ことを はっきり させる ために ともだちと しつもんを しあって、考《かんが》えを くわしく します。つぎの 会話《かいわ》の 文《ぶん》しょうを 読《よ》んで、こたえましょう。

空《そら》を じゆうに とべる、まほうの 羽《はね》が あったら いいな。

あったら いいなと 思《おも》う わけ

㋐ 、あったら いいなと 思《おも》ったの。

雲《くも》の 上《うえ》を さんぽしたら、たのしいだろうなと 思《おも》ったからだよ。

はたらき（できること）

さんぽの ほかには、どんな ことが できるの。

空《そら》を とんで、どこへでも 行《い》けるし、空《そら》で ちゅうがえりも できるよ。

形《かたち》や色《いろ》、大《おお》きさなど

それは、㋑ 形《かたち》や 色《いろ》を して いるの。

とんぼの 羽《はね》みたいな 形《かたち》を して いるよ。色《いろ》は、㋒すきとおって いるんだ。

大《おお》きさは、どれぐらいなんだろう。

ランドセルみたいに、せなかに せおえるくらいの 大《おお》きさだよ。

（令和二年度版　光村図書　国語二上　たんぽぽ「あったらいいな、こんなもの」による）

(1) 上《うえ》の ㋐、㋑ に あてはまる ことばを ［　］ から えらんで 書《か》きましょう。

㋐ ＿＿＿＿

㋑ ＿＿＿＿

・どんな　・いつ　・どうして

(2) はっぴょうする ときの 言《い》い方《かた》に ついて こたえましょう。

① はっぴょうする ときの 言《い》い方《かた》に あう ほうに ○を つけましょう。

（　）「です」「ます」などの ていねいな 言《い》い方《かた》。

（　）ふつうの 言《い》い方《かた》。

② ㋒すきとおって いるんだ。の ところを、はっぴょうする ときの 言《い》い方《かた》に なおして 書《か》きましょう。

＿＿＿＿

きせつの ことば2

夏《なつ》が いっぱい (1)

名まえ

つぎの 夏《なつ》の 絵《え》を 見《み》て、こたえましょう。

(1) 夏《なつ》に かんけいの ある 花《はな》の 名前《なまえ》を 二《ふた》つ 書《か》きましょう。

(2) 夏《なつ》に かんけいの ある 虫《むし》の 名前《なまえ》を 二《ふた》つ 書《か》きましょう。

(3) 夏《なつ》に かんけいの ある やさいや くだものの 名前《なまえ》を 三《みっ》つ 書《か》きましょう。

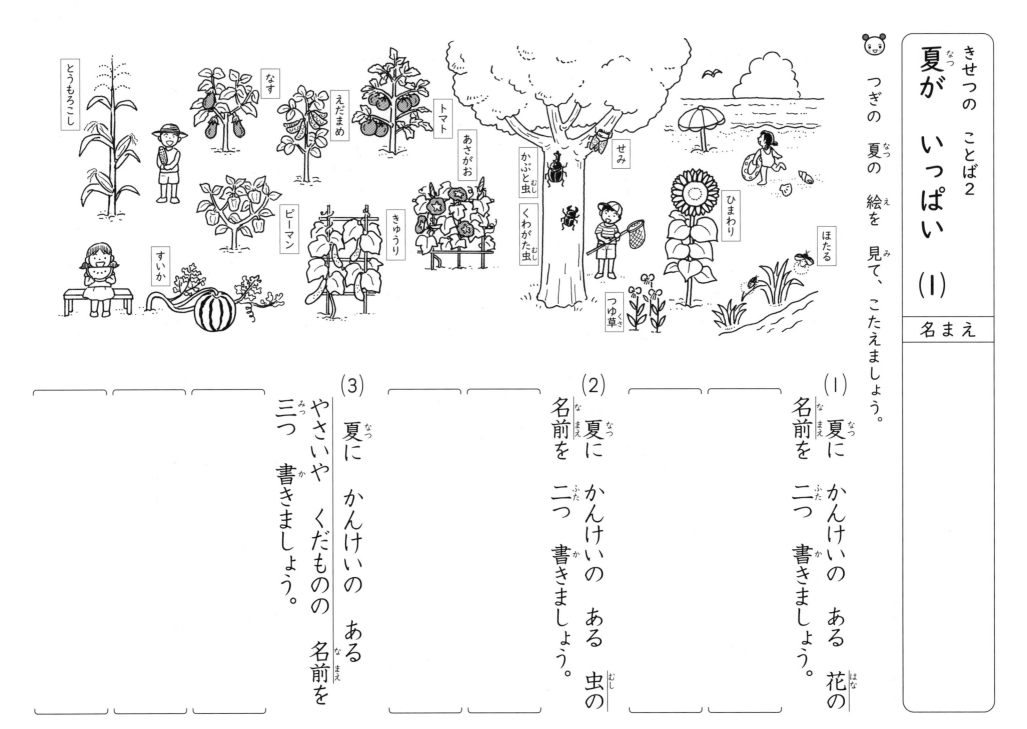

きせつの ことば2

夏《なつ》が いっぱい (2)

名まえ

つぎの しを 二回《にかい》 読《よ》んで、こたえましょう。

みんみん
たにかわ しゅんたろう

みんみん なくのは ㋐せみ
そうっと ちかづく あみ
はやしの むこうに うみ
きらきら かがやく なみ

よびごえ きこえる みみ
いちばん なかよし きみ
とこやに いったね かみ
まっかに みのった ぐみ

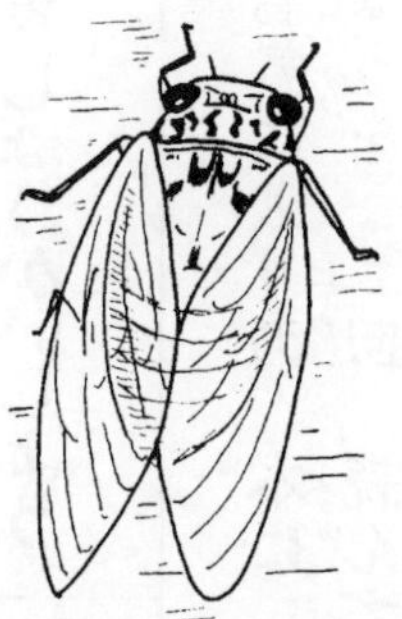

（令和二年度版 光村図書 国語二上 たんぽぽ たにかわ しゅんたろう）

(1) ㋐せみのように、「み」で おわる 二字《にじ》の ことばが ほかに 七《なな》つ あります。すべて 書《か》きましょう。

せみ

(2) きらきら かがやくのは、なんですか。一《ひと》つに ◯を つけましょう。

（　）あみ　（　）うみ

（　）なみ　（　）みみ

(3) いちばん なかよしなのは、だれですか。

本《ほん》は友《とも》だち

お気《き》に入《い》りの 本《ほん》を しょうかいしよう

名まえ

友《とも》だちが、お気《き》に入《い》りの 本《ほん》に ついて しょうかい して います。
つぎの 文《ぶん》しょうを 二回《にかい》 読《よ》んで、こたえましょう。

ぼくの お気《き》に入《い》りの 本《ほん》は、きたむらさとしさんの 「ミリーの すてきな ぼうし」 です。

この本《ほん》には、ミリーと いう 女《おんな》の子《こ》が 出《で》て きます。ミリーは、そうぞうで いろいろな ぼうしを かぶります。

みんなが いろいろな ぼうしを かぶって いる ことに、ミリーが 気《き》づく ところが、たのしいです。

ぜひ、読《よ》んで みて ください。

（令和二年度版 光村図書 国語二上 たんぽぽ 「お気に入りの本をしょうかいしよう」による）

(1) 「ぼく」が しょうかい して いる 本《ほん》の だいめいは、なんですか。

(2) 「ミリー」とは、なんの 名前《なまえ》ですか。○を つけましょう。

（　）とうじょうじんぶつ。

（　）本《ほん》を 書《か》いた 人《ひと》。

(3) 「ぼく」は、お気《き》に入《い》りの 本《ほん》の どんな ところを すきだと 言《い》って いますか。○を つけましょう。

（　）ミリーが、そうぞうで いろいろな ぼうしを かぶる ところ。

（　）みんなが いろいろな ぼうしを かぶって いることに、ミリーが 気《き》づくところ。

ミリーのすてきなぼうし （1）

名まえ

つぎの 文《ぶん》しょうを 二回《にかい》 読《よ》んで、こたえましょう。

1

（ミリーは、ぼうしやさんで、そうぞうしだいで どんな ぼうしにも なる、すばらしい ぼうしを 手《て》に 入《い》れました。）

ミリーは、あたらしい ぼうしが 気《き》に入《い》りました。

「でも、なにか ㋐そうぞうしなくちゃ。」

ミリーは思《おも》いました。

2

「㋑じゃないと、ぼうしの形《かたち》が見《み》えないもの。どんなぼうしにしようかな――。

そうだ、お店《みせ》にあったいろんな色《いろ》の羽《はね》の ぼうし。

あんなぼうし――。

でもね、もっともっとたくさん羽《はね》がついてるの。」

そう、クジャクのぼうし。

（令和二年度版 光村図書 国語二上 たんぽぽ きたむら さとし）

1

(1) ㋐そうぞうと おなじ ことを あらわす ことばに ○を つけましょう。

（　）こころの 中《なか》に 思《おも》い うかべる こと。

（　）絵《え》に かく こと。

(2) ミリーが 気《き》に入《い》った ものは、なんですか。

2

(1) ㋑じゃないと と おなじ ことを あらわす ことばに ○を つけましょう。

（　）あたらしい ぼうしを たくさん 買《か》わないと。

（　）なにか そうぞうしないと。

(2) ミリーは、なんと いう とりの ぼうしを そうぞう しましたか。

ミリーのすてきなぼうし (2)

名まえ

つぎの 文《ぶん》しょうを 二回《にかい》 読《よ》んで、こたえましょう。

1

ケーキやさんの前《まえ》を
通《とお》ったら、おいしそうな
ケーキが いっぱい
ならんでいました。ミリーは、
そうぞうしました。
㋐、ぼうしは、ケーキの
ぼうしになりました。

2

㋑を 通《とお》りすぎたとき、
ミリーのぼうしは、花《はな》で
いっぱいの ぼうしに
なりました。
公園《こうえん》では、ふんすいの
ぼうしです。

（令和二年度版　光村図書　国語二上　たんぽぽ　きたむら　さとし）

1

(1) ㋐に あてはまる ことばに ○を つけましょう。

(　)けれども

(　)すると

(2) ぼうしが、ケーキの ぼうしに なったのは、なぜですか。

ミリーが、ケーキの ことを、[　　　　] したから。

2

(1) ㋑に あてはまる お店《みせ》は なんの お店《みせ》ですか。一《ひと》つに ○を つけましょう。

(　)ケーキやさん

(　)花《はな》やさん

(　)ぼうしやさん

(2) ぼうしが、ふんすいの ぼうしに なったのは、ミリーが どこを 通《とお》った ときでしたか。

[　　　　]

ミリーのすてきなぼうし (3)

名まえ

つぎの 文《ぶん》しょうを 二回《にかい》 読《よ》んで こたえましょう。

1

〔ケーキやさんの 前《まえ》で、ミリーが そうぞうすると、ぼうしは、ケーキの ぼうしに なりました。花《はな》やでは、花《はな》で いっぱいの ぼうし、公園《こうえん》では、ふんすいの ぼうしに なりました。〕

そのときです。ミリーは、気《き》がつきました。ぼうしをかぶっているのは、じぶんだけじゃないんだと。

2

みんな、ぼうしをもっていたのです。そのどれもが、㋐それぞれちがったぼうしでした。

1 ミリーは、どんな ことに 気《き》が ついたのですか。

そうぞうの [　　　] を かぶって いるのは、[　　　　　　] と いうこと。

2 (1) みんなは、なにを もって いたのですか。

[　　　　　　]

(2) ㋐それぞれちがったぼうしと おなじ ことを あらわす ことばに ○を つけましょう。

(　) 一《ひと》つ一《ひと》つ ちがった ぼうし

(　) そっくり おなじ ぼうし

（令和二年度版 光村図書 国語二上 たんぽぽ きたむら さとし）

ミリーのすてきなぼうし (4)

名まえ

つぎの 文《ぶん》しょうを 二回《にかい》 読《よ》んで、こたえましょう。

1

むこうから、おばあさんが
やってきました。
おばあさんのぼうしは、
くらくてさびしい
水《みず》たまりでした。
ミリーがおばあさんに
ほほえみかけると、
ミリーのぼうしの中《なか》から
鳥《とり》や魚《さかな》がとび出《だ》して、
おばあさんのぼうしに
とびうつりました。

2

ミリーはうれしくなって、
うたをうたいました。
すると、ぼうしもいっしょに
うたいました。

（令和二年度版　光村図書　国語二上　たんぽぽ　きたむら　さとし）

1

(1) おばあさんの　ぼうしは、どんな　ぼうしでしたか。

［　　　　］の　ぼうし。

(2) ミリーの　ぼうしの　中《なか》から　鳥《とり》や　魚《さかな》が　とび出《だ》して、おばあさんの　ぼうしに　とびうつったのは、ミリーが　なにを　した　ときですか。

おばあさんに［　　　　］かけた　とき。

2

ミリーが　うれしく　なって、うたを　うたうと、ぼうしは　どう　なりましたか。一《ひと》つに　○を　つけましょう。

（　）ぼうしは　ほほえんだ。
（　）ぼうしは　おどろいた。
（　）ぼうしも　うたった。

ミリーのすてきなぼうし (5)

名まえ

つぎの　文《ぶん》しょうを　二回《にかい》　読《よ》んで、こたえましょう。

1

そうしてミリーは、いえにもどりました。㋐、ぼうしが大《おお》きくなりすぎて、中《なか》に入《はい》れません。ミリーは、ちがったぼうしをそうぞうしてみました。

2

ミリーは、いえに入《はい》ると言《い》いました。
「ママ、わたしのあたらしいぼうし、見《み》て。㋑きれいでしょ。」
「あたらしいぼうし。」
ママは、ちょっとびっくりしています。だって、ぼうしなんかどこにも――。

（令和二年度版　光村図書　国語二上　たんぽぽ　きたむら　さとし）

1

(1) ㋐に　あてはまる　ことばに　○を　つけましょう。

（　）でも　（　）だから

(2) ぼうしが　大《おお》きく　なりすぎて、いえの　中《なか》に　入《はい》れない　ミリーは、どう　しましたか。

[　　　　]

2

(1) ミリーは、なにを　㋑きれいでしょ。と　言《い》いましたか。

わたしの [　　　　]。

(2) ママが　ちょっと　びっくり　したのは、なぜですか。○を　つけましょう。

（　）ぼうしが　どこにも　ないのに、ミリーが「ぼうし、見《み》て。」と　言《い》ったから。

（　）ミリーが　あたらしい　ぼうしを　かぶって　いたから。

ミリーのすてきなぼうし ⑹

名まえ

つぎの 文《ぶん》しょうを 二回《にかい》 読《よ》んで、こたえましょう。

1

「あたらしいぼうし。」
ママは、ちょっとびっくり
しています。だって、
ぼうしなんかどこにも——。
[ア]、㋑ママは、こう
こたえることにしました。
「まあ、すてきね。ママも、
そんなぼうし、ほしいな。」

2

「ママだってもってるのよ、
ほんとうは。そうぞう
すればいいの。」
と、ミリー。
そうです。㋒だれだって
もっているのです。じぶん
だけのすてきなぼうしを。

（令和二年度版　光村図書　国語二上　たんぽぽ　きたむら　さとし）

1

⑴ [ア] に あてはまる ことばに ○を つけましょう。

（　）だから　（　）でも

⑵ ㋑ママは、こう…しました。と ありますが、どう こたえたの ですか。ぜんぶ 書《か》き出《だ》しましょう。

2

㋒だれだってもっているのです。と ありますが、なにを もって いるのですか。文《ぶん》の 中《なか》から 十三字《じゅうさんじ》で 書《か》き出《だ》しましょう。

雨《あめ》のうた

名まえ

つぎの しを 二回《にかい》 読《よ》んで、こたえましょう。

雨《あめ》のうた

つるみ まさお

あめは ひとりじゃ うたえない、
きっと ㋐だれかと いっしょだよ。
やねと いっしょに やねのうた
つちと いっしょに つちのうた
かわと いっしょに かわのうた
はなと いっしょに はなのうた。

あめは だれとも なかよしで、
どんな うたでも しってるよ。
やねで とんとん やねのうた
つちで ぴちぴち つちのうた
かわで つんつん かわのうた
はなで しとしと はなのうた。

（令和二年度版 光村図書 国語二上 たんぽぽ つるみ・まさお）

(1) ひとりじゃ うたえないのは、だれですか。

（　　　　　）

(2) ㋐だれかとは、だれの ことですか。四《よっ》つに ○を つけましょう。

（ ）あめ　（ ）かわ
（ ）やね　（ ）うた
（ ）つち　（ ）はな

(3) ①〜④の うたを、あめが うたう とき、どのように うたいますか。

① やねのうた　とんとん
② つちのうた　□□□□
③ かわのうた　□□□□
④ はなのうた　□□□□

ことばで みちあんない

名まえ

みかさんが りえさんに でんわを して、二人《ふたり》は こうえんで まちあわせを する ことに しました。つぎの こうえんの ちずを 見《み》て、こたえましょう。

● 上《うえ》の ちずは、二人《ふたり》が まちあわせを する ばしょを ★で あらわした ものです。つぎの 文《ぶん》の □に あう ことばを、□から えらんで 書《か》きましょう。

① まちあわせの ばしょは、ぶらんこの 前《まえ》の ベンチ（★）です。

② まず、入《い》り口《ぐち》（●）から、［　　　］すすみます。

③ トイレの ある［　　　］を 左《ひだり》に まがります。

④ つぎに、ジャングルジムの ある［　　　］の ところで、また 左《ひだり》に まがります。

⑤ そのまま すすむと、［　　　］に ぶらんこが あります。その 前《まえ》の ベンチが まちあわせの ばしょです。

・まっすぐ　・十字《じゅうじ》ろ　・かど　・左《ひだり》がわ

みちあんないの とおりに ちずを 見《み》て いくと、まちあわせの ばしょ（★）に 行《い》けるかな。えんぴつで たどって たしかめてみよう。

どうぶつ園《えん》のじゅうい (1)

名まえ

つぎの 文《ぶん》しょうを 二回《にかい》 読《よ》んで、こたえましょう。

1

わたしは、どうぶつ園《えん》で はたらいている じゅうい です。

※じゅうい…どうぶつの びょうきや けがを なおす いしゃ。

2

わたしのしごとは、どうぶつたちが 元気《げんき》に くらせるように することです。どうぶつが びょうきや けがを したときには、ちりょうをします。ある日《ひ》の わたしの しごとのことを 書《か》いてみましょう。

※ちりょう…びょうきや けがの 手当《てあ》てを して なおすこと。

1

(1) ひっしゃ(文《ぶん》しょうを 書《か》いた人《ひと》)は、どこで はたらいて いますか。

(2) ひっしゃは、なんの しごとを して いる 人《ひと》ですか。

2

(1) ひっしゃの しごとは、なにを する ことですか。二《ふた》つ 書《か》きましょう。

どうぶつたちが [ ] ように する こと。

どうぶつが びょうきや けがを した ときに [ ] を する こと。

(令和二年度版 光村図書 国語二上 たんぽぽ うえだ みや)

どうぶつ園《えん》のじゅうい　(2)

名まえ

つぎの　文《ぶん》しょうを　二回《にかい》　読《よ》んで、こたえましょう。

1

朝《あさ》、わたしのしごとは、どうぶつ園《えん》の中《なか》を　見回《みまわ》る　ことからはじまります。

2

なぜかというと、元気《げんき》な　ときの　どうぶつの　ようすを見《み》ておくと、びょうきになったとき、すぐに気《き》づくことが　できるからです。また、ふだんから　わたしの顔《かお》を　見《み》せて、なれてもらうという　大切《たいせつ》なりゆうもあります。

（令和二年度版　光村図書　国語二上　たんぽぽ　うえだ　みや）

1　ひっしゃの　一日《いちにち》の　しごとは、いつ、なにを　する　ことから　はじまりますか。

・いつ

・なにを　する　こと

こと。

2　ひっしゃが　どうぶつ園《えん》を　見回《みまわ》る　ことから　しごとを　はじめる　りゆうを　二《ふた》つ　えらんで　○を　つけましょう。

（　）元気《げんき》な　ときの　どうぶつの　ようすを　見《み》ておくため。

（　）どうぶつの　顔《かお》を　見《み》て、たのしい　気分《きぶん》に　なる　ため。

（　）ふだんから　顔《かお》を　見《み》せて、なれて　もらうため。

どうぶつ園《えん》のじゅうい　(3)

名まえ

つぎの　文《ぶん》しょうを　二回《にかい》　読《よ》んで、こたえましょう。

1

どうぶつたちは、よく
知《し》らない人《ひと》には、いたい
ところや　つらいところを
かくします。そこで、
わたしの顔《かお》を　おぼえて
もらって、あんしんして
見《み》せてくれるように
するのです。

2

毎日《まいにち》、「おはよう。」と
言《い》いながら　家《いえ》の中《なか》へ入《はい》り、
こえもおぼえてもらう
ように　しています。

（令和二年度版　光村図書　国語二上　たんぽぽ　うえだ　みや）

1

(1) どうぶつたちは、どんな　人《ひと》には、いたい　ところや　つらい　ところを　かくすのですか。

(2) ひっしゃが、じぶんの　顔《かお》を　どうぶつたちに　おぼえて　もらうのは、なんの　ため　ですか。○を　つけましょう。

（　）どうぶつと　なかよく　なって　あそびたいから。

（　）いたい　ところや　つらい　ところを　見《み》せてもらう　ため。

2

ひっしゃが、毎日《まいにち》、「おはよう。」と　言《い》いながら　家《いえ》の　中《なか》に　入《はい》るのは、なんの　ためですか。

ように　する　ため。

どうぶつ園《えん》のじゅうい ⑷

名まえ

つぎの 文《ぶん》しょうを 二回《にかい》 読《よ》んで、こたえましょう。

1

見回《みまわ》りがおわるころ、しいくいんさんによばれました。いのししのおなかに赤《あか》ちゃんがいるかどうか、みてほしいというのです。

※しいくいん…どうぶつの へやを そうじしたり、えさを やったり する 人《ひと》。

2

おなかの中《なか》のようすを㋐さぐるためには、きかいをおなかに当《あ》てなければなりません。

（令和二年度版　光村図書　国語二上　たんぽぽ　うえだ　みや）

1

(1) じゅういは、いつ、しいくいんさんに よばれましたか。

［　　　　］

(2) しいくいんさんは、どんな ことを みて ほしいと いうのですか。

［　　　　］の おなかに ［　　　　］が いるか どうか。

2

(1) ㋐さぐると おなじ ことを あらわす ほうに ○を つけましょう。

（　）さっと 見《み》つける。

（　）見《み》えない ところを しらべる。

(2) おなかに なにを 当《あ》てて さぐりますか。

［　　　　］

どうぶつ園《えん》のじゅうい (5)

名まえ

つぎの 文《ぶん》しょうを 二回《にかい》 読《よ》んで、こたえましょう。

1

（いのししの おなかに 赤《あか》ちゃんが いるか どうかを さぐる ために、きかいを おなかに 当《あ》てなければ なりません。）

いのししが
こわがらないように、
しいくいんさんが
えさをたべさせ、㋐その間《あいだ》に、
そっと当《あ》ててみました。

2

㋑まちがいありません。
おなかの中《なか》に、
赤《あか》ちゃんがいました。

（令和二年度版　光村図書　国語二上　たんぽぽ　うえだ　みや）

1

(1) しいくいんさんが、いのししに えさを たべさせたのは、なぜですか。○を つけましょう。

（　）いのししが おなかを すかせて いるから。

（　）いのししが きかいを こわがらないように する ため。

(2) ㋐その間《あいだ》とは、なんの 間《あいだ》の こと ですか。

［　　　］が ［　　　］て いる 間《あいだ》。

2

どんな ことが ㋑まちがい ありません だったのですか。

いのししの ［　　　］ こと。

全文読解《ぜんぶんどっかい》

どうぶつ園《えん》のじゅうい (6)

名まえ

きょうか書《しょ》の「どうぶつ園《えん》のじゅうい」を 読《よ》んで、こたえましょう。

(1) ひっしゃは、どうぶつ園《えん》で なんの しごとを して いますか。

□□□□

(2) つぎの ①〜⑦は、ある日《ひ》の ひっしゃが した しごとの じゅんばんです。( )に あてはまる ことばを □から えらんで 書《か》きましょう。

	いつ	どうぶつの名前《なまえ》	ひっしゃのしごと
①	( )		どうぶつ園《えん》を 見回《みまわ》る。
②	( ) が 終《お》わるころ	( )	おなかに ( ) を 当《あ》てた。 
③	お昼前《ひるまえ》	にほんざる 	( ) を のませた。
④	お昼《ひる》すぎ	ワラビー 	はぐきの ( ) を した。
⑤	夕方《ゆうがた》	( )	ボールペンを はかせた。 
⑥	一日《いちにち》の しごとの ( )		きょうの できごとや 気《き》が ついた ことを ( ) に 書《か》く。 
⑦	どうぶつ園《えん》を 出《で》る ( ) に		かならず ( ) に 入《はい》り、体《からだ》を あらう。

・前《まえ》 ・おわり
・朝《あさ》 ・見回《みまわ》り

・ペンギン
・いのしし

・日記《にっき》 ・くすり ・おふろ
・ちりょう ・きかい

ことばあそびをしよう　(1)

名まえ

(1)「あ」「い」「う」「え」「お」で　はじまる　ことばを　書《か》きましょう。

①「あ」　(れい)　あさがお

②「い」

③「う」

④「え」

⑤「お」

(2)「あいうえお」を　つかって、文《ぶん》を　つくりましょう。

(れい)

Ⓐ あさだ
Ⓘ いっしょに
Ⓤ うたを　うたえば
Ⓔ えがおの
Ⓞ おひさま　かがやくよ

Ⓐ

Ⓘ

Ⓤ

Ⓔ

Ⓞ

ことばあそびを しよう (2)

名まえ

(1) 「あ」「か」「さ」「た」「な」で はじまる ことばを 書《か》きましょう。

① 「あ」

② 「か」

③ 「さ」

④ 「た」

⑤ 「な」

(2) 「あかさたな」を つかって、文《ぶん》を つくりましょう。

(れい)

Ⓐ あかい
Ⓚ かにの きょうだいが
Ⓢ さんびき そろって
Ⓣ たのしそうに
Ⓝ ならんで いくよ。

Ⓐ

Ⓚ

Ⓢ

Ⓣ

Ⓝ

ことばあそびをしよう (3)

名まえ

つぎの 数《かぞ》えことばや 数《かぞ》えうたを 二回《にかい》 読《よ》んで、こたえましょう。

1

ひい ふう みい よう
いつ むう なな やあ
ここのつ とお

2

いちじく にんじん
さんしょに しいたけ
ごぼうに むかごに
ななくさ はつたけ
きゅうりに とうがん

（令和二年度版 光村図書 国語二上 たんぽぽ 「ことばあそびをしよう」による）

1 つぎの ①〜⑥の 「数《かぞ》えことば」は どんな 数字《すうじ》を あらわして いますか。かん字《じ》で 書《か》きましょう。

① ひい　一
② みい
③ よう
④ いつ
⑤ むう
⑥ やあ

2 つぎの ことばは、どんな 数字《すうじ》を あらわして いますか。かん字《じ》で 書《か》きましょう。

① にんじん
② しいたけ
③ ごぼう
④ はつたけ
⑤ きゅうり

なかまの ことばと かん字《じ》

なまえことば (1)

名まえ

ことばには、なかまと いえる ものが あります。どんな なかまの ことばが あるのか 考《かんが》えてみましょう。

● つぎの 絵《え》は、どれも 「家《いえ》の人《ひと》（かぞく）」を あらわして います。絵《え》を 見《み》て、□に あう なかまの ことばを □から えらんで 書《か》きましょう。

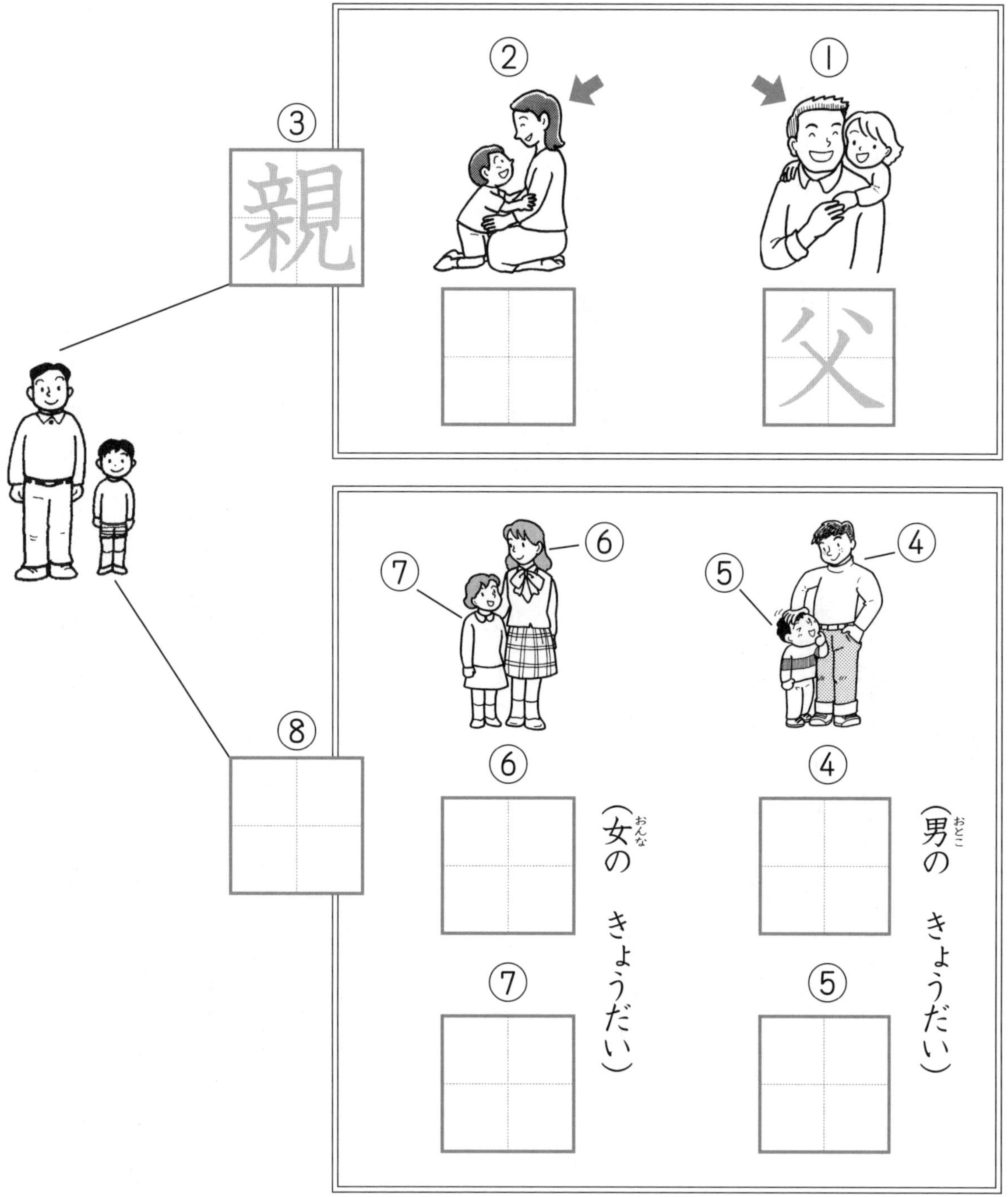

①
父
②
③
親
④
⑤
（男《おとこ》の きょうだい）
⑥
⑦
（女《おんな》の きょうだい）
⑧

親《おや》・子《こ》・父《ちち》・母《はは》・姉《あね》・弟《おとうと》・妹《いもうと》・兄《あに》

なかまの　ことばと　かん字《じ》

なまえことば (2)

名まえ

絵《え》に　あう　なかまの　なまえことばを　[ ]　から　えらんで　書《か》きましょう。

(1) 「一《いち》日《にち》」の　いつ（とき）を　あらわす　ことば

①

朝

②

③

④

正午《しょうご》

夜《よる》・昼《ひる》・朝《あさ》・午前《ごぜん》・午後《ごご》

(2) 「天気《てんき》」を　あらわす　ことば

①

②

③

④

雨《あめ》・くもり・雪《ゆき》・晴《は》れ

なかまの ことばと かん字《じ》

なまえことば (3)

名まえ

● 絵《え》に あう なかまの なまえことばを □ から えらんで 書《か》きましょう。

(1) 「教科《きょうか》」を あらわす ことば

①

②

③

④

国語《こくご》・算数《さんすう》・音楽《おんがく》・体《たい》いく

(2) 「色《いろ》」を あらわす ことば

①

い りんご

②

ひまわり
色《いろ》い 花《はな》

③
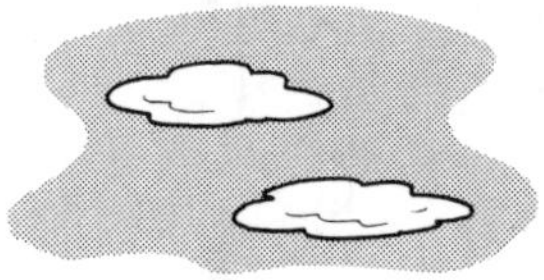
い 空《そら》
い 雲《くも》

④

からす
い 鳥《とり》

黄《き》・白《しろ》・青《あお》・赤《あか》・黒《くろ》

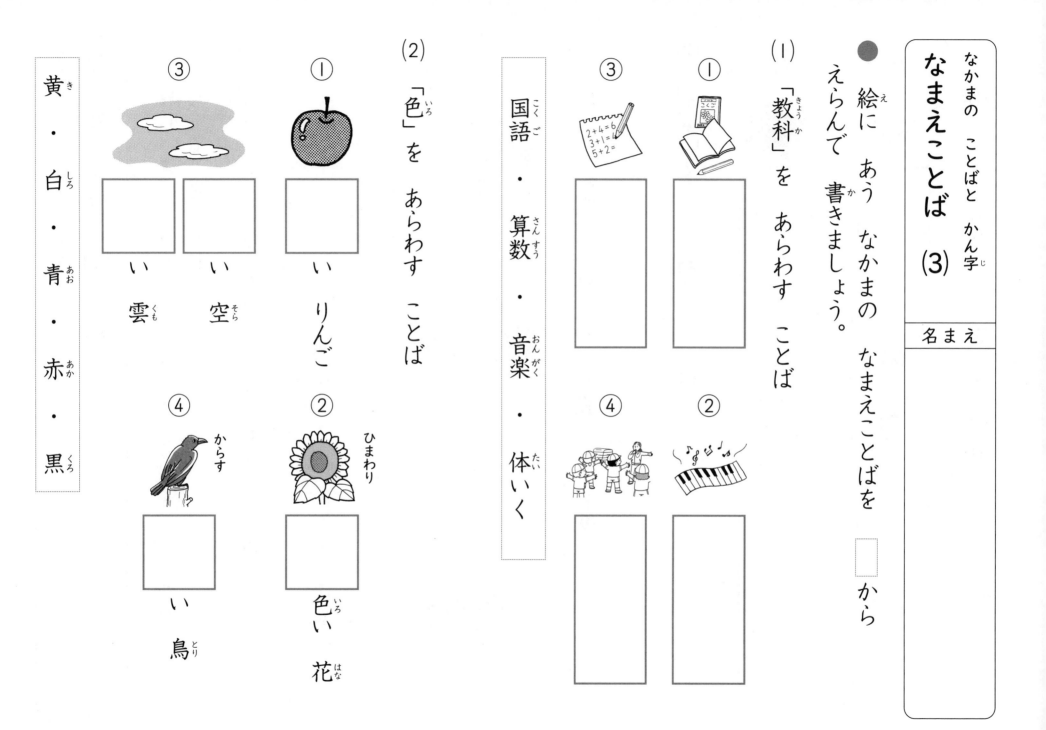

なかまの　ことばと　かん字《じ》

なまえことば　(4)

名まえ

● 絵《え》に　あう　なかまの　なまえことばを　下《した》の　□　から　えらんで　書《か》きましょう。

(1) 「からだの　ぶぶん」を　あらわす　ことば

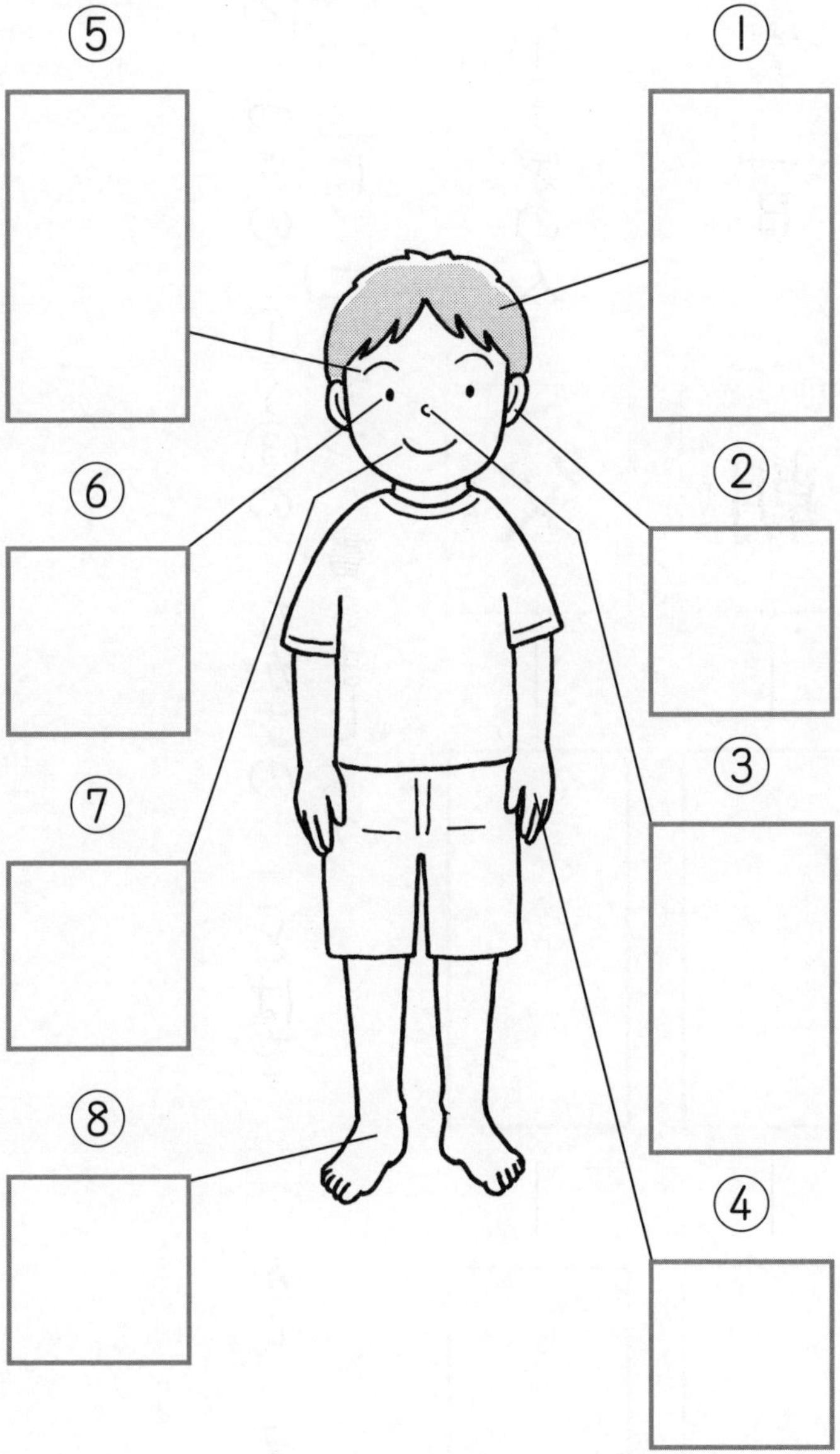

目《め》　口《くち》　足《あし》　まゆ　はな　耳《みみ》　手《て》　かみ

(2) 「お金《かね》」を　あらわす　ことば

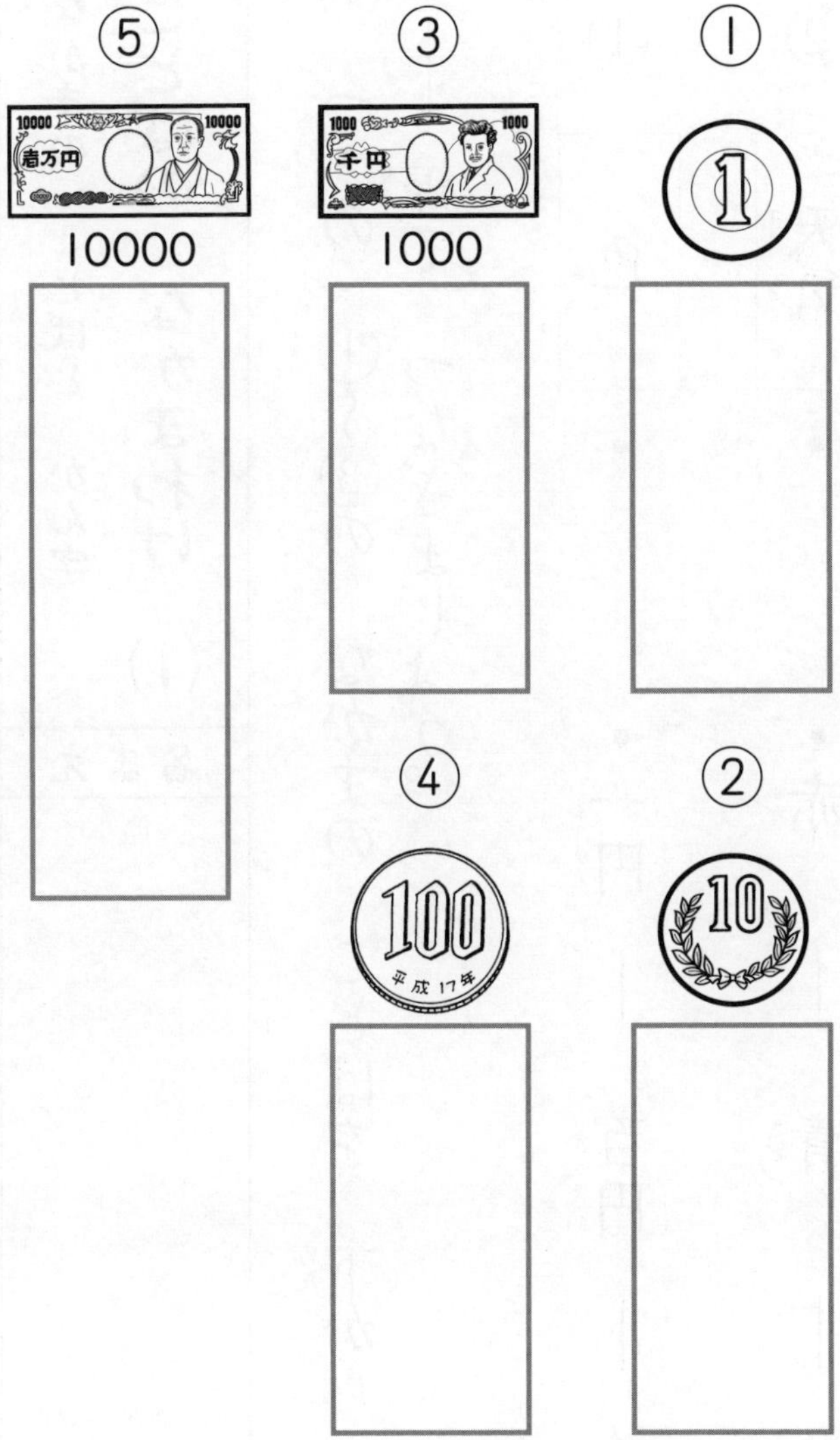

百円《ひゃくえん》　一円《いちえん》　千円《せんえん》　十円《じゅうえん》　一万円《いちまんえん》

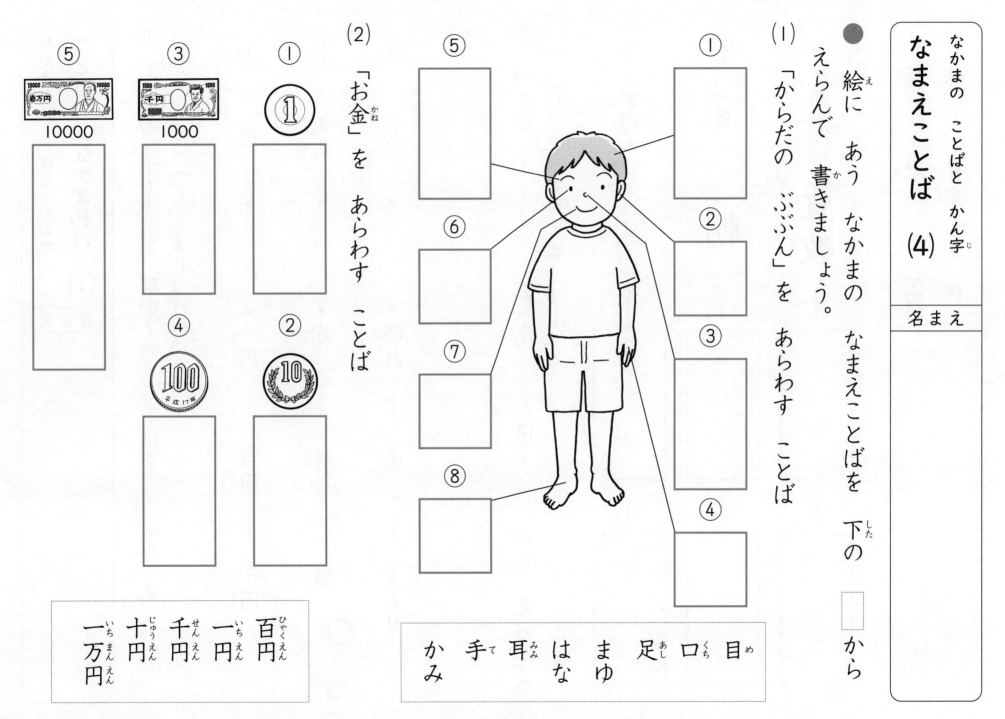

なかまの ことばと かん字《じ》

ことばの なかまわけ (1)

名まえ

(1) つぎの ①～③の なかまの ことばを 下《した》から えらんで ——線《せん》で つなぎましょう。

① 色《いろ》 ・　　・一円《いちえん》 — 百円《ひゃくえん》 — 千円《せんえん》

② 天気《てんき》 ・　　・赤《あか》 — 青《あお》 — 黄《き》

③ お金《かね》 ・　　・晴《は》れ — 雨《あめ》 — くもり

(2) つぎの ①～③の なかまの ことばを □ から えらんで、□に 二《ふた》つずつ 書《か》きましょう。

① 家《いえ》の人《ひと》　父《ちち》 — □ — □

② 一日《いちにち》　朝《あさ》 — □ — □

③ 教科《きょうか》　算数《さんすう》 — □ — □

昼《ひる》・母《はは》・国語《こくご》

妹《いもうと》・音楽《おんがく》・夜《よる》

なかまの ことばと かん字《じ》

ことばの なかまわけ (2)

名まえ

(1) つぎの □ から ①〜⑥の なかまの ことばは、どんな なかまですか。えらんで 書《か》きましょう。

① 目《め》・耳《みみ》・口《くち》・足《あし》 □

② かき・もも・なし □

③ 電《でん》車《しゃ》・ひこうき □

④ 朝《あさ》顔《がお》・たんぽぽ □

⑤ せみ・はち・とんぼ □

⑥ 春《はる》・夏《なつ》・秋《あき》・冬《ふゆ》 □

花《はな》・くだもの・きせつ・虫《むし》・からだ・のりもの

(2) つぎの ①〜③の なかまの ことばを 下《した》の □ から 二《ふた》つずつ えらんで、かん字《じ》に なおして 書《か》きましょう。

① 教《きょう》科《か》 国語・□

② 色《いろ》 □・□

③ お金《かね》 □・□

・こくご
・くろ
・せんえん
・しろ
・さんすう
・ひゃくえん

ことばの　なかまわけ　(3)

なかまの　ことばと　かん字《じ》

名まえ

● つぎの　①〜④の　なかまの　なまえことばを　下《した》の　□から　えらんで　書《か》きましょう。

① 虫《むし》

・
・

② 文《ぶん》ぼうぐ

・
・

③ がっき

・
・

④ 海《うみ》に　いる　いきもの

・
・

えんぴつ　たいこ　ちょう　くじら　いるか　ピアノ　せみ　ノート　ふえ　らっこ　ばった　ペンギン　こおろぎ　けしゴム　ギター　はさみ

なかまの　ことばと　かん字《じ》

ことばの　なかまわけ　(4)

名まえ

● なかまの　ことばを　ひょうに　まとめます。□に　あう　なまえことばを　下《した》の□から　えらんで　書《か》きましょう。

(1) のりもの
- ふね
  - ①
  - ボート
- じどう車《しゃ》
  - ②
  - ③

バス　ヨット　トラック

(2) たべもの
- やさい
  - ③
  - ④
- ①
  - バナナ
  - ⑤
- ②
  - あめ
  - ⑥

おかし　かぼちゃ　ぶどう　きゅうり　くだもの　クッキー

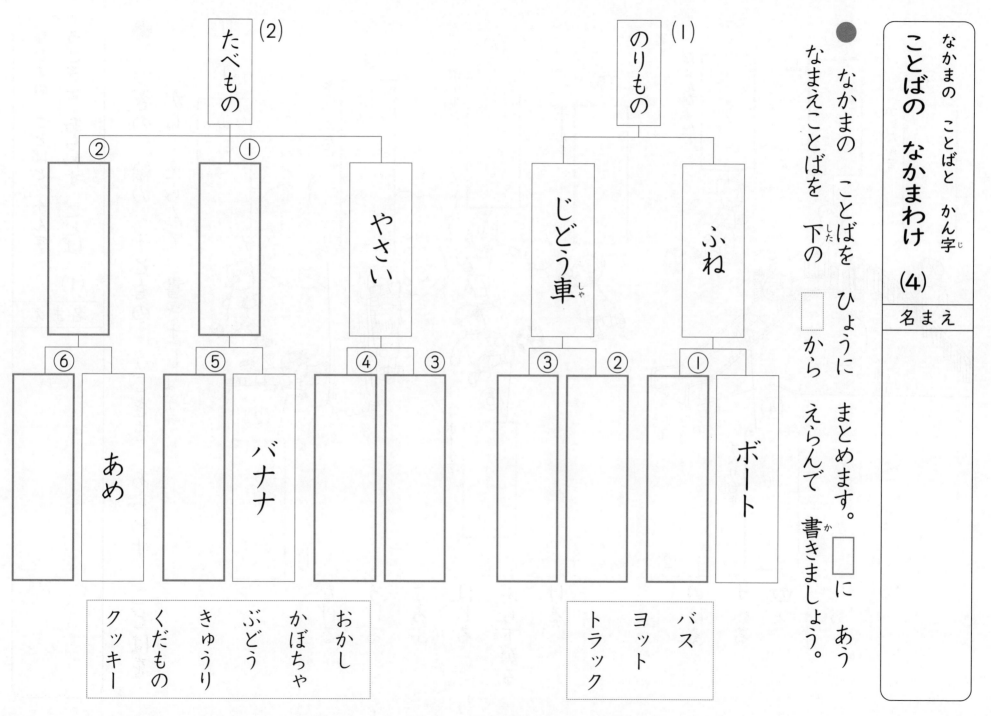

なかまの ことばと かん字《じ》

うごきを あらわす ことば (1)

名まえ

● つぎの 絵《え》の 子《こ》どもの うごきを あらわす ことばを □ から えらんで 書《か》きましょう。

1

①
②
③ 木《き》の えだに
④ ボールを
⑤ ボールを
⑥ ボールを

1

なげる
うける
ころぶ
はしる
ぶら下《さ》がる
ける

2

① ぴょんぴょんと
② 上《うえ》に
③ かいだんを
④ すべり台《だい》を

2

のぼる
すべる
立《た》つ
とぶ

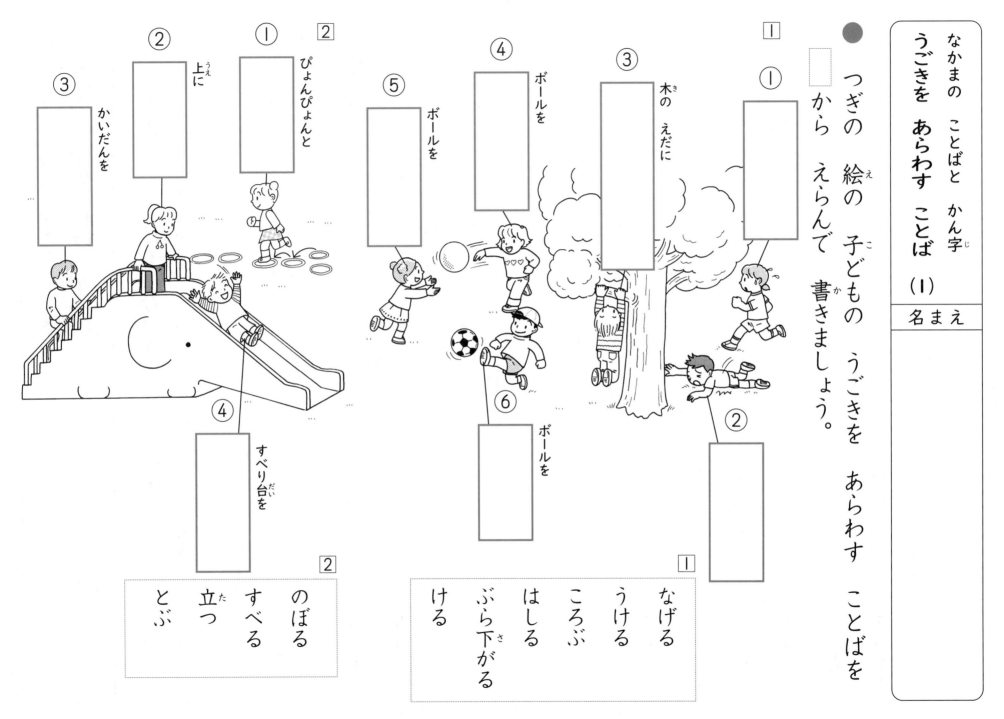

なかまの　ことばと　かん字《じ》

うごきを　あらわす　ことば　(2)

名まえ

● つぎの　絵《え》の　子《こ》どもの　うごきを　あらわす　ことばを　下《した》の　[　]　から　えらんで　書《か》きましょう。

① 本《ほん》を

② カードを

③ 字《じ》を

④ はさみで　かみを

⑤ ねん土《ど》を

⑥ おりがみを

⑦ 絵《え》のぐを

⑧ のりで　かみを

⑨ つくえの　下《した》に

⑩ 色《いろ》がみを

切《き》る　書《か》く　ぬる　読《よ》む　こねる　ならべる　もぐる　おる　はる　ちぎる

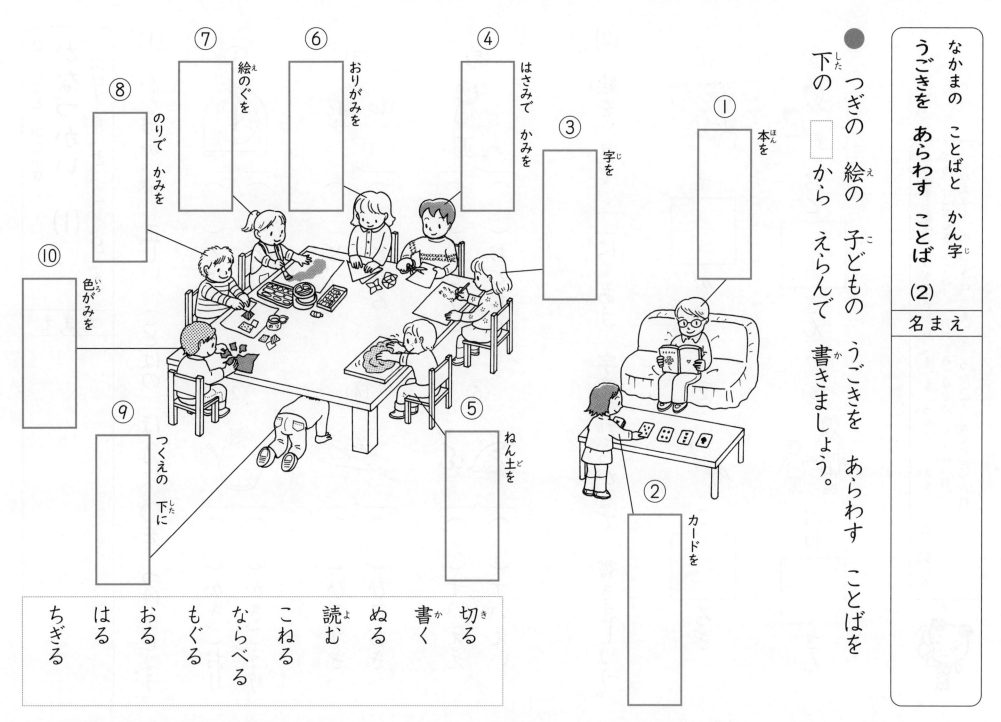

ひらがなと かたかな

かなづかい (1)

(のばす 音《おん》「お」・「う」／「い」・「え」)

名まえ

(1) かなづかいが 正《ただ》しい ことばの ほうに ○を つけましょう。

① 
( )とけえ
( )とけい

② 
( )かきごおり
( )かきごうり

③ 
( )どうろ
( )どおろ

④ 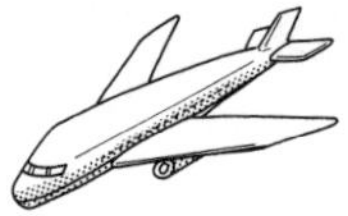
( )ひこうき
( )ひこおき

⑤ 
( )おとうと
( )おとおと

⑥ 
( )すいええ
( )すいえい

(2) 絵《え》を 見《み》て、□に あう 字《じ》を ひらがなで 書《か》きましょう。

① 
え□が

② 
こ□ろぎ

③ 
おと□さん

④ 
おね□さん

のばす 音《おん》は、ふつう、「い」や、「う」を つかって 書《か》く ことが 多《おお》いよ。
でも、「こおろぎ」「こおり」「おおかみ」などの ときは「お」、
「おねえさん」の ときは、「え」を つかって 書《か》くのだったね。

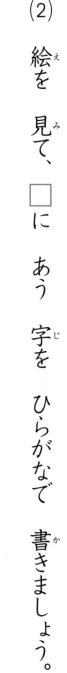

ひらがなと かたかな

かなづかい (2)

（「ず」・「づ」／「じ」・「ぢ」）

名まえ

(1) かなづかいが 正《ただ》しい ことばの ほうに ○を つけましょう。

① 
（ ）かんずめ
（ ）かんづめ

② 

（ ）おみくぢ
（ ）おみくじ

③ 
（ ）みみず
（ ）みみづ

④ 
（ ）おりづる
（ ）おりずる

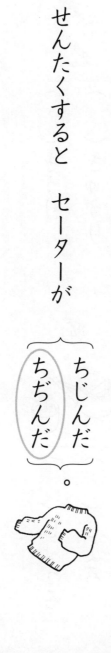

⑤ 
（ ）はなぢ
（ ）はなじ

⑥ 
（ ）みかずき
（ ）みかづき

(2) かなづかいが 正《ただ》しい ほうを ○で かこみましょう。

① せんたくすると セーターが ｛ちじんだ／ちぢんだ｝。

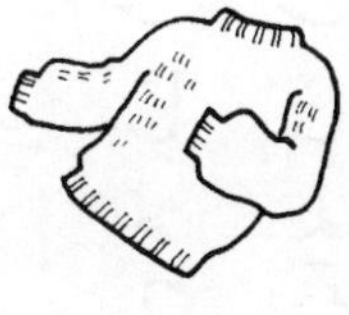

② ｛たからじま／たからぢま｝の ｛ちず／ちづ｝を ひろう。

③ 「｛赤《あか》ずきん／赤《あか》づきん｝」の 本《ほん》の ｛つずき／つづき｝を 読《よ》む。

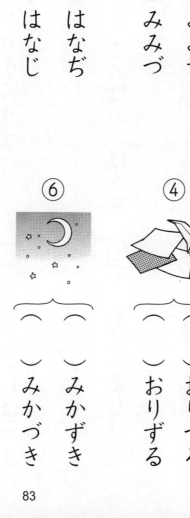

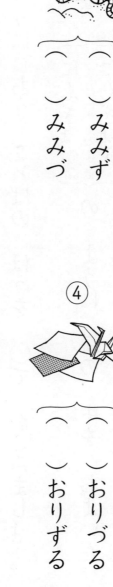

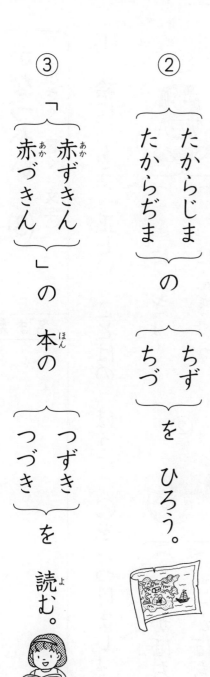

ひらがなと かたかな

かなづかい
（小《ちい》さく 書《か》く 文字《もじ》）(3)

名まえ

(1) 絵《え》に あう 正《ただ》しい ことばの ほうに ○を つけましょう。

①

（　）にんぎょ
（　）にんぎょう

②

（　）かぼちゃ
（　）かぼちや

③

（　）きうり
（　）きゅうり

④

（　）じょうろ
（　）じよろ

⑤

（　）ぎうにう
（　）ぎゅうにゅう

⑥

（　）しょき
（　）しょっき

(2) 文《ぶん》しょうに あう ことばの ほうを ○で かこみましょう。

① 姉《あね》は、{にんぎょ / にんぎょう} の ように、海《うみ》の 中《なか》を およいだ。

② 母《はは》は、{びよういん / びょういん} へ かみを 切《き》りに 行《い》った。

③ 大《おお》けがを した 兄《あに》は、{びよういん / びょういん} へ むかった。

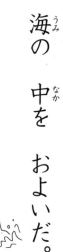

ひらがなと かたかな かなづかい (4)（かたかな）

名まえ

(1) 書《か》き方《かた》が 正《ただ》しい ことばの ほうに ○を つけましょう。

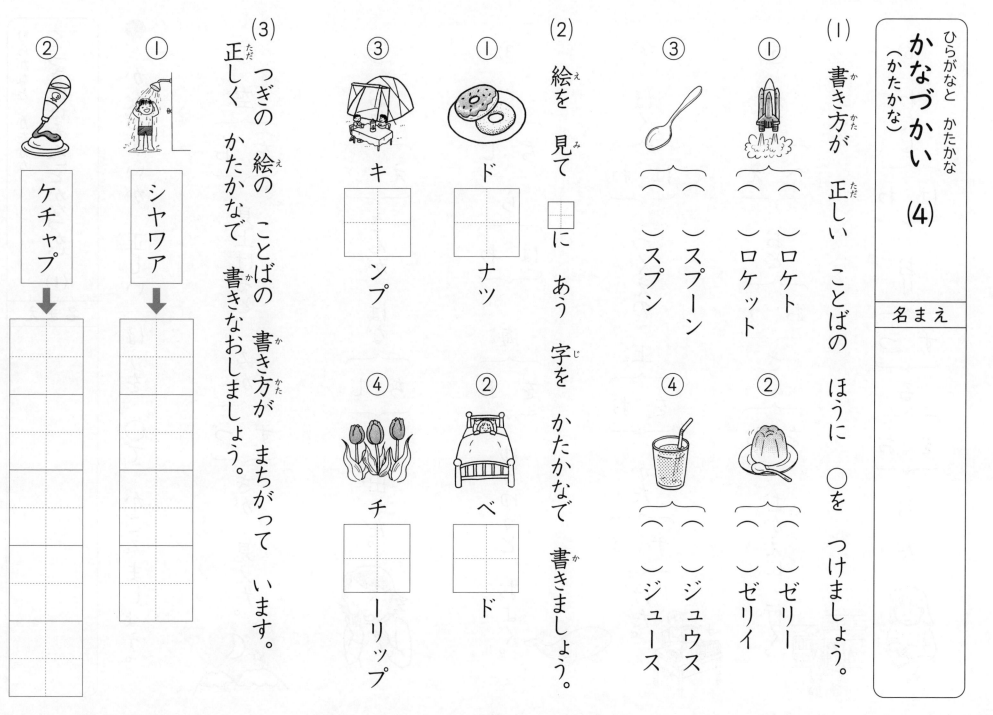

① 
( )ロケト
( )ロケット

② 
( )ゼリー
( )ゼリイ

③ 
( )スプーン
( )スプン

④ 
( )ジュウス
( )ジュース

(2) 絵《え》を 見《み》て □に あう 字《じ》を かたかなで 書《か》きましょう。

① 
ド□ナツ

② 
ベ□ド

③ 
キ□ンプ

④ 
チ□ーリップ

(3) つぎの 絵《え》の ことばの 書《か》き方《かた》が まちがって います。正《ただ》しく かたかなで 書《か》きなおしましょう。

① 
シヤワア
↓

② 
ケチャプ
↓

ひらがなと かたかな

くっつきの「は・を・へ」とかなづかい (1)

名まえ

● かなづかいが 正《ただ》しい ほうを ○で かこみましょう。

① 空《そら》{お・を} 見《み》上《あ》げると、みか{づ・ず}きが 見《み》えた。

② おね{い・え}さんが はな{じ・ぢ}を 出《だ》した。

③ く{じ・ぢ}ら{わ・は}、海《うみ》{お・を} ゆうゆうと およぐ。

④ ぼく{わ・は}、つくえの 上《うえ》{お・を} かた{づ・ず}けた。

⑤ えき{え・へ} おと{う・お}さん{お・を} むかえに 行《い》く。

⑥ わたし{わ・は}、おり{づ・ず}る{お・を} おった。

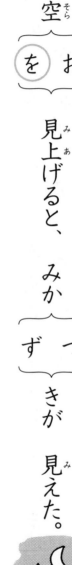

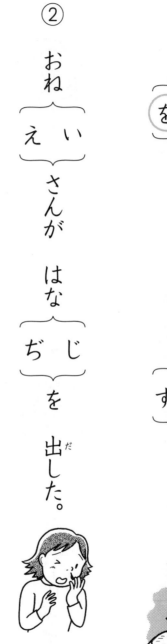

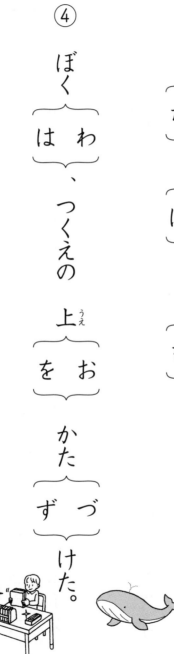

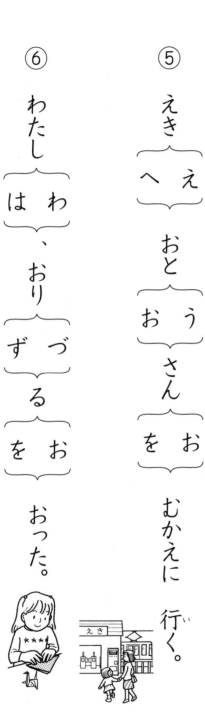

ひらがなと　かたかな

くっつきの「は・を・へ」と かなづかい (2)

名まえ

● つぎの 文《ぶん》で、かなづかいが まちがって いる 字《じ》に ×を つけて、正《ただ》しい 字《じ》を その 右《みぎ》よこに 書《か》きましょう。
（まちがいは 二《ふた》つずつ あります。）

① ぼおしを かぶって、こうえんえ 行《い》った。

② すいとおと べんとうお もって、えんそくに 出《で》かけた。

③ わたしわ、小《ちい》さな はしお ゆっくり わたった。

④ にわの ぢめんを ほると、みみづが 出《で》て きた。

⑤ みかんの かんずめお あけて たべた。

⑥ いええ かへる とちゅう、雨《あめ》が ふって きた。

ことばの たからばこ（ようすを あらわす ことば）(1)

名まえ

じんぶつや ものの ようすを あらわす ことばの つかい方《かた》を たしかめましょう。

(1) つぎの 文《ぶん》に あう ほうの ことばに ○を つけましょう。

① スポーツせんしゅの 体《からだ》は、{（ ）たくましい／（ ）よわい}。

② {（ ）元気《げんき》の ある／（ ）ちえの ある} 人《ひと》は、いつも よい 考《かんが》えを 思《おも》いつく。

③ ぼくは、{（ ）そそっかしい／（ ）明《あか》るい}ので、よく わすれものを する。

(2) つぎの 文《ぶん》の □に あてはまる ことばを、□から えらんで 書《か》きましょう。

① がいこくの □ くだものを たべた。

② せが 高《たか》い 兄《あに》は、どこに いても よく □。

③ 大《おお》きな ばったは、□ うごきで にげた。

・目立《めだ》つ　・すばやい　・めずらしい

ことばの たからばこ (2)
(気《き》もちを あらわす ことば)

名まえ

気《き》もちを あらわす ことばの つかい方《かた》を たしかめましょう。

(1) つぎの 文《ぶん》に あう ほうの ことばに ○を つけましょう。

① 人《ひと》から「ありがとう。」と 言《い》われると、
（　）気《き》もちが いい
（　）気《き》もちが わるい
。

② あしたの えんそくが 楽《たの》しみで、
（　）おろおろする
（　）わくわくする
。

③ やくそくの じかんに まにあって
（　）ほっとする
（　）しんぱいする
。

(2) つぎの 文《ぶん》の □に あてはまる ことばを、□から えらんで 書《か》きましょう。

① 弟《おとうと》は ころんでも □ そうに わらった。

② シャワーで あせを ながして、□ した。

③ リレーの バトンを おとしたのは、□ だった。

・ざんねん　・へいき　・さっぱり

4頁

たんぽぽ

名まえ

つぎの　しを　二《に》かい　よんで、こたえましょう。

たんぽぽ

「たんぽぽさんって、
まぶしいのね。
ひまわりさんの　子《こ》で、
お日《ひ》さまの　まごだから。」
と、ちょうちょうが　きいた。
たんぽぽは、
うふんと　わらった。

※まご…その　人《ひと》の　子《こ》どもが　生《う》んだ　子《こ》ども。
ここでは、お日《ひ》さまの　子《こ》どもの　子《こ》どもの　こと。

（令和二年度版　光村図書　国語二上　たんぽぽ　まど・みちお）

(1) 「たんぽぽさんって、まぶしいのね。」と　きいたのは、だれですか。

［ちょうちょう］

(2) ちょうちょうが、たんぽぽの　ことを「まぶしいのね。」と　おもったのは、なぜですか。○を　つけましょう。

（　）たんぽぽさんは　お日《ひ》さまの　子《こ》だから。
（○）たんぽぽさんは、ひまわりさんの　子《こ》で、お日《ひ》さまの　まごだから。

(3) ちょうちょうの　ことばを　きいた　たんぽぽは、どう　しましたか。

［うふん　と　わらった。］

5頁

ふきのとう　(1)

名まえ

つぎの　文《ぶん》しょうを　二《に》かい　読《よ》んで、こたえましょう。

1

よが　あけました。
あさの　ひかりを　あびて、
竹《たけ》やぶの　竹《たけ》の　はっぱが、
「さむかったね。」
「うん、さむかったね。」
と　ささやいて　います。

2

雪《ゆき》が　まだ　すこし
のこって、
あたりは　㋐しんと　して
います。

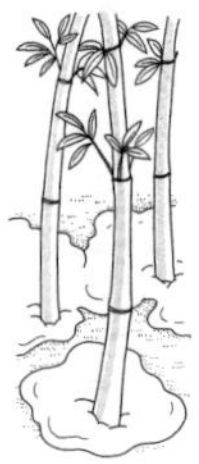

（令和二年度版　光村図書　国語二上　たんぽぽ　くどう　なおこ）

1

(1) 一日《いちにち》の　うちの、いつの　できごとですか。一《ひと》つに　○を　つけましょう。

（○）あさ早《はや》く
（　）ゆうがた
（　）よる

(2) 「さむかったね。」と　ささやいて　いるのは、だれですか。

［（竹やぶの）竹の　はっぱ］

2

(1) 竹《たけ》やぶに　ある　雪《ゆき》は、どう　なって　いますか。

［まだ　すこし　のこって　います。］

(2) ㋐しんととは、どんな　ようすですか。○を　つけましょう。

（　）さむい　ようす。
（○）しずかな　ようす。

6頁

ふきのとう　(2)

名まえ

つぎの　文《ぶん》しょうを　二《に》かい　読《よ》んで、こたえましょう。

1

どこかで、㋐小《ちい》さな　こえが
しました。
「よいしょ、よいしょ。
おもたいな。」
竹《たけ》やぶの　そばの
ふきのとうです。

2

雪《ゆき》の　下《した》に　あたまを
出《だ》して、
雪《ゆき》を　どけようと、
ふんばって　いる
ところです。
「よいしょ、よいしょ。
そとが　見《み》たいな。」

（令和二年度版　光村図書　国語二上　たんぽぽ　くどう　なおこ）

1

(1) ㋐小《ちい》さな　こえを　出《だ》したのは、だれですか。

［ふきのとう］

(2) ふきのとうは　どこに　いますか。

［竹やぶ　の　そば。］

2

(1) ふきのとうは、なにを　どけようと　ふんばって　いる　ところですか。

［雪］

(2) ふきのとうは、なにが　したいと　言《い》って　いますか。一《ひと》つに　○を　つけましょう。

（　）雪《ゆき》が　見《み》たい。
（○）雪《ゆき》の　そとが　見《み》たい。
（　）雪《ゆき》あそびが　したい。

7頁

ふきのとう　(3)

名まえ

つぎの　文《ぶん》しょうを　二《に》かい　読《よ》んで、こたえましょう。

1

［ふきのとうは、雪《ゆき》の　下《した》に　あたまを　出《だ》して、雪《ゆき》を　どけようと　ふんばって　います。］

「ごめんね。」
と、雪《ゆき》が　言《い》いました。
「㋐わたしも、早《はや》く　とけて
水《みず》に　なり、とおくへ
行《い》って　あそびたいけど。」
と、上《うえ》を　見上《みあ》げます。

2

「竹《たけ》やぶの　かげに
なって、
㋑お日《ひ》さまが
あたらない。」
と　ざんねん
そうです。

（令和二年度版　光村図書　国語二上　たんぽぽ　くどう　なおこ）

1

(1) 「ごめんね。」と　ふきのとうに　言《い》ったのは、だれですか。

［雪］

(2) ㋐わたしとは　だれの　ことですか。

［雪］

2

(1) ㋑お日《ひ》さまが　あたらないのは、どうしてですか。○を　つけましょう。

（○）竹《たけ》やぶの　かげに　なって　いるから。
（　）お日《ひ》さまが　出《で》て　こないから。

(2) 雪《ゆき》は、どんな　ようすでしたか。

［ざんねん　そうな　ようす。］

本書の解答は，あくまでもひとつの例です。児童に取り組ませる前に，必ず指導される方が問題を解いてください。指導される方の作られた解答をもとに，児童の多様な考えに寄り添って○つけをお願いします。

8頁

本《ほん》は ともだち
図書館《としょかん》たんけん
（図書館《としょかん》での 本《ほん》の 見《み》つけ方《かた》）

名まえ

きょうか書《しょ》の「図書館《としょかん》たんけん」を 読《よ》んで、こたえましょう。

(1) 図書館《としょかん》の 本《ほん》は、なかま分《わ》けされて ならんで います。つぎの 文《ぶん》で、図書館《としょかん》の 本《ほん》の 分《わ》け方《かた》や ならべ方《かた》で あって いる ほうに ○を つけましょう。

①
（ ）日本《にほん》の むかしばなしの 本《ほん》は、「ずかん」の ところに おいて ある。
（○）虫《むし》の 名《な》まえが 分《わ》かる 本《ほん》は、「ずかん」の ところに おいて ある。

②
（○）「うらしまたろう」と 「かぐやひめ」は、おなじ たなに おいて ある。
（ ）やさいの そだて方《かた》が 分《わ》かる 本《ほん》と、「かぐやひめ」は おなじ たなに おいて ある。

(2) つぎの 本《ほん》を 図書館《としょかん》で さがす とき、どの たなを さがしますか。——せんで むすびましょう。

① 「ももたろう」の おはなしの 本《ほん》。
② おりがみの おり方《かた》の 本《ほん》。

「こうさく」や 「おんがく」に ついての 本《ほん》が ある たな。
「ものがたり」や 「し」の 本《ほん》が ある たな。

（①—「ものがたり」や 「し」の 本が ある たな。 ②—「こうさく」や 「おんがく」に ついての 本が ある たな。）

9頁

きせつの ことば1
春《はる》が いっぱい (1)

名まえ

つぎの 春《はる》の 絵《え》を 見《み》て、こたえましょう。

さくら
ひばり
なの花《はな》
みつばち
れんげそう
てんとう虫《むし》
かたばみ
よもぎ
つくし
たんぽぽ
もんしろちょう
うぐいす
すみれ
おたまじゃくし

(1) 春《はる》に かんけいの ある 花《はな》や 草《くさ》の 名《な》まえを 四《よっ》つ 書《か》きましょう。

（れい）
さくら
たんぽぽ
つくし
よもぎ

(2) 春《はる》に かんけいの ある 生《い》きものの 名《な》まえを 三《みっ》つ 書《か》きましょう。

（れい）
もんしろちょう
てんとう虫
みつばち

10頁

きせつの ことば1
春《はる》が いっぱい (2)

名まえ

つぎの しを 二《に》かい 読《よ》んで、こたえましょう。

はなが さいた
まど・みちお

はなが さいた
はなが さいた
はなが さいて
はひふへ ほほほ
はなが さいて
はなが さいた
はなが さいた
ほへふひ ははは
はなが さいて
㋐みない ひと いない
おこる ひと いない

（令和二年度版 光村図書 国語二上 たんぽぽ まど・みちお）

(1) 「はひふへ ほほほ」、「ほへふひ ははは」と こえに 出《だ》して 読《よ》むと、どんな 気《き》もちに なりますか。一《ひと》つに ○を つけましょう。
（ ）かなしい
（○）たのしい
（ ）さびしい

(2) ㋐みない ひと いないと おなじ ことを あらわして いる 文《ぶん》を 一《ひと》つ えらんで、○を つけましょう。
（○）みんなが みる。
（ ）だれも みない。
（ ）みる ひとと みない ひとが いる。

(3) はなが さくと、「みない ひと」の ほかに、どんな ひとも いないと いって いますか。

おこる ひと

11頁

きょうの できごと (1)

名まえ

つぎの 日記《にっき》の 文《ぶん》しょうを 二《に》かい 読《よ》んで、こたえましょう。

1
四月十八日《しがつじゅうはちにち》（土曜日《どようび》）はれ
夕方《ゆうがた》、おかあさんが コロッケを つくって いました。

2
ぼくが 見《み》て いたら、おかあさんが、「いっしょに つくろうか。」と 言《い》ったので、ぼくも おてつだいを する ことに しました。

（令和二年度版 光村図書 国語二上 たんぽぽ「きょうの できごと」による）

1
(1) いつの ことを 書《か》いた 日記《にっき》ですか。○を つけましょう。
（ ）四月十八日《しがつじゅうはちにち》の あさ。
（○）四月十八日《しがつじゅうはちにち》の 夕方《ゆうがた》。

(2) おかあさんが つくって いたのは、なんですか。

コロッケ

2
(1) 「いっしょに つくろうか。」と 言《い》ったのは、だれですか。

おかあさん

(2) 「ぼく」が なにを した ことを 書《か》いた 日記《にっき》ですか。

コロッケを つくる おてつだい を した こと。

12頁

きょうの できごと (2)

名まえ

つぎの 日記《にっき》の 文《ぶん》しょうを 二《に》かい 読《よ》んで、こたえましょう。

1

〔夕方《ゆうがた》、ぼくは、コロッケを つくる おてつだいを する ことに しました。〕

ぼくは、じゃがいもと、ひき肉《にく》と、玉《たま》ねぎを まぜた ものを まるめました。きれいな かたちに するのが むずかしかった ㋐、だんだん じょうずに できるように なりました。

2

夕《ゆう》ごはんの まえに、できたてを あじみ しました。㋑ころもが かりっと して いて、おいしかったです。

（令和二年度版 光村図書 国語二上 たんぽぽ 「きょうの できごと」による）

1

(1) おてつだいを した とき、ぼくは、なにを しましたか。一《ひと》つに ○を つけましょう。

( ) ざいりょうを きった。

( ) ざいりょうを まぜた。

(○) ざいりょうを まぜた ものを まるめた。

(2) ㋐に あてはまる ことばに ○を つけましょう。

(○) けれど

( ) ので

2

㋑ころもが…おいしかったです。の 一文《いちぶん》は、「ぼく」が なにを して 思《おも》った ことを 書《か》いた 文《ぶん》ですか。

〔できたての コロッケを **あじみ** して 思《おも》った こと。〕

13頁

ともだちを さがそう (1)

名まえ

ゆうえんちで まいごの おしらせを して います。つぎの おしらせの 文《ぶん》しょうを 読《よ》んで、こたえましょう。

まいごの おしらせを します。

やまだけんたさんと いう 六《ろく》さいの 男《おとこ》の子《こ》が、まいごに なって います。

けんたさんは、黒《くろ》と 白《しろ》の よこの しまもようの シャツを きて、白《しろ》い ぼうしを かぶり、リュックサックを せおって います。

● つぎの ①〜④の 絵《え》の 中《なか》から、けんたさんの せつめいに あてはまる 絵《え》を 一《ひと》つ えらんで、記《き》ごうを 書《か》きましょう。

記《き》ごう **③**

きて いる ふくや もって いる ものを よく たしかめよう。

14頁

ともだちを さがそう (2)

名まえ

つぎの 絵《え》の 人《ひと》に ついて、まいごの おしらせを しようと 思《おも》います。絵《え》を よく 見《み》て、もんだいに こたえましょう。

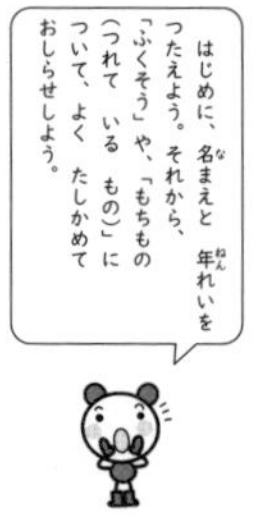
はじめに、名《な》まえと 年《ねん》れいを つたえよう。それから、「ふくそう」や、「もちもの（つれて いる もの）」に ついて、よく たしかめて おしらせしよう。

● つぎの 文《ぶん》の □に あてはまる ことばを □から えらんで 書《か》きましょう。

① うえだ えみさんと いう 六《ろく》さいの **女** の子《こ》です。

② えみさんは、**リボン** の ついた ぼうしを かぶって いて、水玉《みずたま》もようの **スカート** を はいて います。

③ 小《ちい》さな **犬** を つれて います。

・男《おとこ》 ・花《はな》 ・スカート ・犬《いぬ》
・女《おんな》 ・リボン ・ズボン ・ねこ

15頁

ともだちを さがそう (3)

（ひらがなで 書《か》くと おなじ ことば）

名まえ

● 絵《え》に あう ことばを □に ひらがな 二文字《にもじ》で 書《か》きましょう。また、その ことばと おなじ 言《い》い方《かた》を する ものの 絵《え》と ——せんで つなぎましょう。

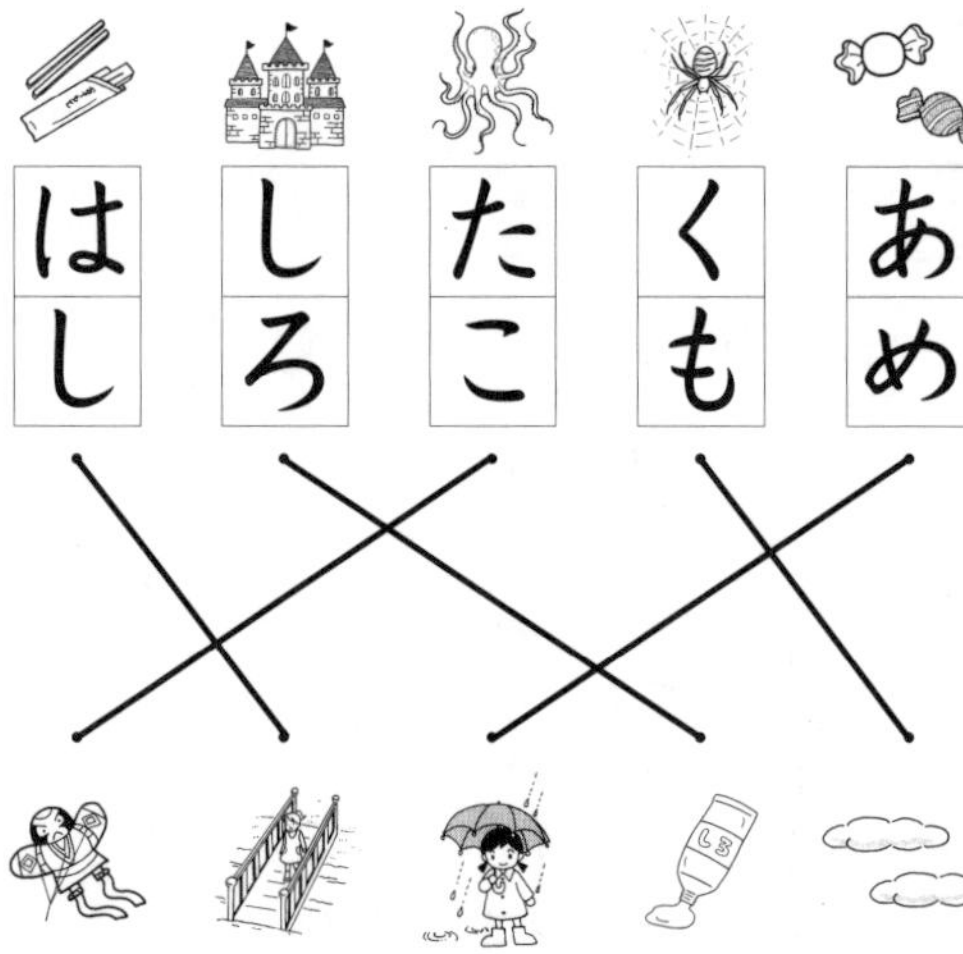

① あめ
② くも
③ たこ
④ しろ
⑤ はし

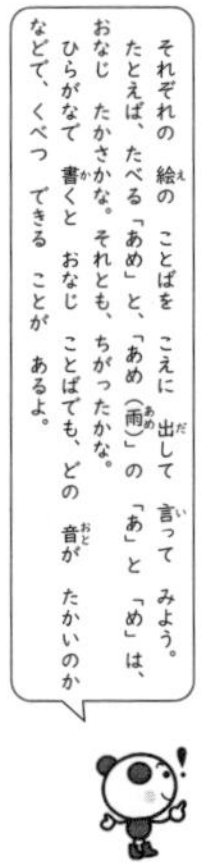
それぞれの 絵《え》の ことばを こえに 出《だ》して 言《い》って みよう。たとえば、たべる「あめ」と、「あめ（雨《あめ》）」の「あ」と「め」は、おなじ たかさかな。それとも、ちがったかな。ひらがなで 書《か》くと おなじ ことばでも、どの 音《おと》が たかいのか などで、くべつ できる ことが あるよ。

本書の解答は，あくまでもひとつの例です。児童に取り組ませる前に，必ず指導される方が問題を解いてください。指導される方の作られた解答をもとに，児童の多様な考えに寄り添って○つけをお願いします。

16頁

全文読解

いなばの　白《しろ》うさぎ　(1)

名まえ

きょうか書《しょ》の「いなばの　白《しろ》うさぎ」を　読《よ》んでもらって、こたえましょう。

(1) だれが　出《で》て　きましたか。出《で》て　きた　人《ひと》や　どうぶつ　四《よっ》つに　○を　つけましょう。

(○)うさぎ
(○)オオクニヌシ
(○)オオクニヌシの　兄《にい》さんたち
(　)オオクニヌシの　弟《おとうと》たち
(○)わに（さめ）
(　)きつね

(2) オオクニヌシは　どのような　人《ひと》でしたか。あてはまる　もの　三《みっ》つに　○を　つけましょう。

(○)あらそいを　きらう　人《ひと》。
(　)しごとを　しない　人《ひと》。
(○)やさしい　人《ひと》。
(○)八十人《はちじゅうにん》の　兄弟《きょうだい》の　中《なか》で　いちばん　すぐれた　人《ひと》。

(3) わに（さめ）に　毛《け》を　むしりとられた、赤《あか》はだかの　うさぎを　たすけたのは、だれでしたか。

オオクニヌシ

(4) うさぎの　毛《け》が　まっ白《しろ》い　ふわふわの　毛《け》に　もどった　のは、どのように　したから　ですか。○を　つけましょう。

(　)しお水《みず》を　あびて　風《かぜ》に　当《あ》たったから。
(○)川《かわ》の　水《みず》で　よく　あらい、がまの　ほの　上《うえ》に　ねころがったから。

17頁

全文読解

いなばの　白《しろ》うさぎ　(2)

名まえ

きょうか書《しょ》の「いなばの　白《しろ》うさぎ」を　読《よ》んでもらって、こたえましょう。

● つぎの　①～④は、うさぎが　オオクニヌシに　話《はな》した　ことの　じゅんに　なって　います。（　）に　あてはまる　ことばを　□から　えらんで　書《か》きましょう。

①

うさぎ
わに（さめ）

おきのしまに　すむ（**うさぎ**）は、およげません。けたのみさきに　わたる　よい　ほうほうは　ないかと　考《かんが》えて、うみに　いる（**わに**）を　だます　ことを　思《おも》いつきました。

②

「どちらが（**多い**）か　くらべよう。」と、わにさんを　ぜんぶ　あつめて、けたのみさきまで（**一れつ**）に　ならばせ、その　上《うえ》を　とんで、数《かず》を　数《かぞ》えながら、とんで　行《い》きました。

③

だまされた　ことに（**おこった**）わにに、赤《あか》はだかに　されて　しまいました。

④

通《とお》りかかった　おおぜいの（**かみさま**）に　言《い》われた　とおりに　しても、いたくなるばかりで、（**がまん**）できません。

※わに…ここでは、さめのこと。

・うさぎ　・一《いち》れつ　・わに
・おこった　・多《おお》い　・毛《け》
・がまん　・かみさま

（**毛**）を　むしりとられた　うさぎは、

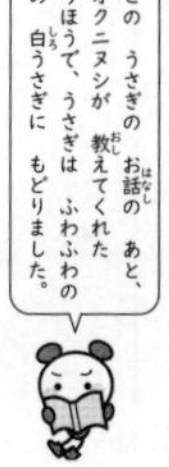

この　うさぎの　お話《はなし》の　あと、オオクニヌシが　教《おし》えてくれた　ほうほうで、うさぎは　ふわふわの　毛《け》の　白《しろ》うさぎに　もどりました。

18頁

たんぽぽの　ちえ　(1)

名まえ

つぎの　文《ぶん》しょうを　二《に》かい　読《よ》んで、こたえましょう。

1
春《はる》に　なると、たんぽぽの　黄色《きいろ》い　きれいな　花《はな》が　さきます。

2
二《に》、三日《さんにち》　たつと、その　花《はな》は　しぼんで、だんだん　黒《くろ》っぽい　色《いろ》に　かわって　いきます。

（令和二年度版　光村図書　国語二上　たんぽぽ　うえむら　としお）

1
(1) たんぽぽの　花《はな》は、いつに　なると　さきますか。

春

(2) たんぽぽの　花《はな》は　なに色《いろ》ですか。一《ひと》つに　○を　つけましょう。

(○)黄色《きいろ》
(　)きみどり色《いろ》
(　)赤色《あかいろ》

2
(1) たんぽぽの　花《はな》は、どれぐらいの　日《ひ》が　たつと、しぼんで　いきますか。○を　つけましょう。

(　)つぎの　日《ひ》。
(○)二《に》、三日《さんにち》。

(2) しぼんだ　花《はな》は、だんだん　どのような　色《いろ》に　かわって　いきますか。

黒っぽい色《いろ》。

19頁

たんぽぽの　ちえ　(2)

名まえ

つぎの　文《ぶん》しょうを　二《に》かい　読《よ》んで、こたえましょう。

1
そうして、たんぽぽの　花《はな》の　じくは、ぐったりと　じめんに　たおれて　しまいます。

2
けれども、たんぽぽは、かれて　しまったのでは　ありません。花《はな》と　じくを　しずかに　休《やす》ませて、たねに、たくさんの　えいようを　おくって　いるのです。こうして、たんぽぽは、たねを　どんどん　太《ふと》らせるのです。

（令和二年度版　光村図書　国語二上　たんぽぽ　うえむら　としお）

1
そうして、なにが　ぐったりと　じめんに　たおれて　しまいますか。

たんぽぽの
花の　じく

2
(1) じくが　たおれた　たんぽぽは、なにを　して　いるのですか。二《ふた》つに　○を　つけましょう。

(　)かれて　しまって　いる。
(○)花《はな》と　じくを　休《やす》ませて　いる。
(○)たねに　えいようを　おくって　いる。

(2) たんぽぽは、なんの　ために　たねに　えいようを　おくって　いるのですか。

たねを　どんどん
太らせるため。

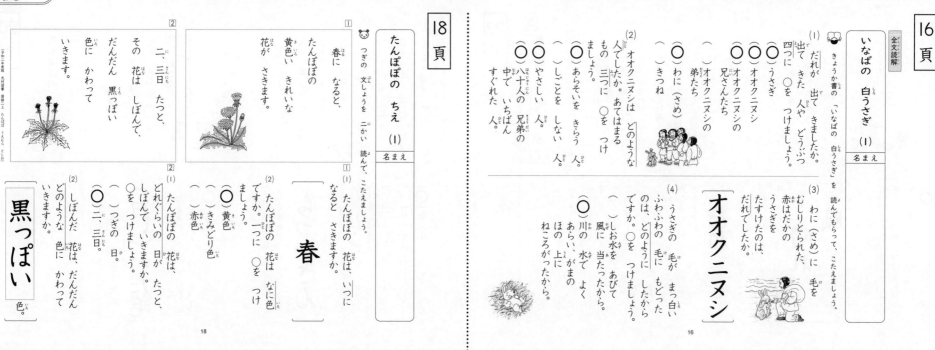

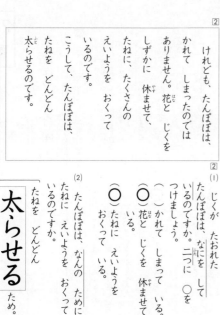

20頁

たんぽぽの ちえ (3)

名まえ

つぎの 文《ぶん》しょうを 二《に》かい 読《よ》んで、こたえましょう。

1

やがて、花《はな》は すっかり かれて、その あとに、白《しろ》い わた毛《げ》が できて きます。

2

この わた毛《げ》の 一《ひと》つ一《ひと》つは、ひろがると、ちょうど らっかさんの ように なります。たんぽぽは、この わた毛《げ》に ついて いる たねを、ふわふわと とばすのです。

※らっかさん

（令和二年度版 光村図書 国語二上 たんぽぽ うえむら としお）

1 (1) 花《はな》が かれた あとに、できて くる ものは、なんですか。

（白い）わた毛

(2) わた毛《げ》の 色《いろ》は、なに色《いろ》ですか。○を つけましょう。

（○）白色《しろいろ》
（ ）黄色《きいろ》

2 (1) わた毛《げ》の 一《ひと》つ一《ひと》つが ひろがると、なんのように なりますか。

らっかさん

(2) たんぽぽが とばすものは なんですか。一《ひと》つに ○を つけましょう。

（ ）らっかさん。
（ ）わた毛に ついた 花《はな》。
（○）わた毛に ついて いる たね。

21頁

たんぽぽの ちえ (4)

名まえ

つぎの 文《ぶん》しょうを 二《に》かい 読《よ》んで、こたえましょう。

1

（たんぽぽの 花《はな》の じくは、じめんに たおれて、やがて、花《はな》が かれた あとには 白い わた毛が できて きます。）

㋐この ころに なると、それまで たおれて いた 花《はな》の じくが、また おき上《あ》がります。

2

そうして、せのびを するように、ぐんぐん のびて いきます。

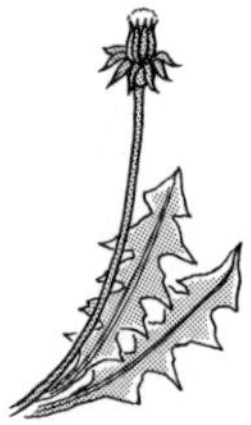

1 (1) ㋐この ころとは、いつごろの ことですか。○を つけましょう。

（ ）花《はな》の じくが また おき上《あ》がる ころ。
（○）わた毛《げ》が できる ころ。

(2) また おき上《あ》がって くるのは、なんですか。

花の じく

2 たおれて いた 花《はな》の じくは、どのように のびて いきますか。

せのび を するように、ぐんぐん のびて いく。

22頁

たんぽぽの ちえ (5)

名まえ

つぎの 文《ぶん》しょうを 二《に》かい 読《よ》んで、こたえましょう。

1

（たおれて いた 花《はな》の じくは、また おき上がり、ぐんぐん のびて いきます。）

㋐ なぜ、こんな ことを するのでしょう。

㋑ それは、せいを 高《たか》く する ほうが、わた毛《げ》に 風《かぜ》が よく あたって、たねを とおくまで とばす ことが できるからです。

2

よく 晴《は》れて、風《かぜ》の ある 日《ひ》には、わた毛の らっかさんは、いっぱいに ひらいて、とおくまで とんで いきます。

（令和二年度版 光村図書 国語二上 たんぽぽ うえむら としお）

1 (1) たんぽぽの ちえの わけが 書《か》いて ある 文《ぶん》は、㋐、㋑の どちらですか。記《き》ごうで こたえましょう。

㋑

(2) わた毛《げ》に 風《かぜ》が よく あたると、どんな ことが できますか。

たね を とおくまで とばす こと。

2 (1) わた毛が とおくまで とんで いくのは、どんな 日ですか。

よく 晴れ て、風 の ある 日《ひ》。

(2) その ときの わた毛《げ》の らっかさんは、どんな ようすですか。○を つけましょう。

（ ）すぼんで いる。
（○）いっぱいに ひらいて いる。

23頁

たんぽぽの ちえ (6)

名まえ

つぎの 文《ぶん》しょうを 二《に》かい 読《よ》んで、こたえましょう。

1

でも、しめり気《け》の 多《おお》い 日《ひ》や、雨《あめ》ふりの 日《ひ》には、わた毛《げ》の らっかさんは、㋐すぼんで しまいます。

2

それは、わた毛《げ》が しめって、おもく なると、たねを とおくまで とばす ことが できないからです。

（令和二年度版 光村図書 国語二上 たんぽぽ うえむら としお）

1 (1) わた毛《げ》の らっかさんが ㋐すぼんで いる ように 合《あ》う 絵《え》に ○を つけましょう。

（ ）
（○）

(2) わた毛《げ》の らっかさんは、どんな 日《ひ》には、すぼんで しまいますか。二《ふた》つ 書《か》きましょう。

しめり気の 多い 日。
雨ふりの 日。

2 わた毛が しめって おもく なると、どんな ことが できないのですか。

たね を とおくまで とばす こと。

解答例

本書の解答は，あくまでもひとつの例です。児童に取り組ませる前に，必ず指導される方が問題を解いてください。指導される方の作られた解答をもとに，児童の多様な考えに寄り添って○つけをお願いします。

24頁

たんぽぽの　ちえ　(7)

名まえ

つぎの　文《ぶん》しょうを　二《に》かい　読《よ》んで、こたえましょう。

1

㋐このように、
たんぽぽは、
いろいろな　ちえを
はたらかせて　います。

2

そうして、
あちらこちらに
たねを　ちらして、
あたらしい　なかまを
ふやして　いくのです。

（令和二年度版　光村図書　国語二上　たんぽぽ　うえむら　としお）

1　せつめいする　文《ぶん》しょうで、㋐このようにと　いう　ことばは、どんな　ことばですか。○を　つけましょう。

（　）たずねる　文《ぶん》しょうの　はじめの　ことば。

（〇）まとめの　文《ぶん》しょうの　はじめの　ことば。

2

(1)　たんぽぽは、あちらこちらに　なにを　ちらして　いますか。

（たね）

(2)　たんぽぽが　たねを　ちらして　いるのは、なんの　ためですか。

あたらしい　なかま　を　ふやして　いく　ため。

25頁

たんぽぽの　ちえ　(8)

全文読解

名まえ

● きょうか書《しょ》の「たんぽぽの　ちえ」を　読《よ》んで、こたえましょう。

①～⑥は、文《ぶん》しょうの　じゅんに　なって　います。（　）に　あてはまる　ことばを　それぞれの　□から　えらんで　書《か》きましょう。

	いつ	どのように　なる
①	（春）に　なると、	たんぽぽの　（花）が　さく。
②	（二、三日）たつと、	花《はな》の　（じく）は、じめんに　たおれる。
③	やがて、	花《はな》は　かれて、その　あとに、白《しろ》い　（わた毛）が　できて　くる。
④	この　ころに　なると、	花《はな》の　じくが　（また）　おき上《あ》がる。
⑤	よく　晴《は》れて　（風）の　ある　日《ひ》には、	わた毛《げ》は、とおくまで　とんで　いく。
⑥	しめり気《け》の　多《おお》い　日《ひ》や　（雨）ふりの　日《ひ》には、	わた毛《げ》の　らっかさんは、すぼんで　しまう。

〈いつ〉　・雨《あめ》　・風《かぜ》　・春《はる》　・二《に》、三日《さんにち》

〈どのように　なる〉　・じく　・わた毛《げ》　・また　・花《はな》

26頁

じゅんじょ《じょうほう》　(1)

名まえ

(1)　つぎの　文《ぶん》しょうの　中《なか》から　じゅんじょが　分《わ》かる　ことばを　三《みっ》つ　さがして、□に　書《か》きましょう。

あさがおの　たねを　まきます。
はじめに、土《つち》に　ゆびで　あなを　あけます。
つぎに、その　あなに　あさがおの　たねを　一《ひと》つずつ　入《い》れて、土《つち》を　かけます。
さいごに、たねを　まいた　ところに、水《みず》を　かけます。

はじめに

つぎに

さいごに

(2)　つぎの　文《ぶん》しょうは、あさ　おきてから　する　ことを　書《か》いた　文《ぶん》しょうです。じかんの　じゅんに　なるように、（　）に　1～4の　ばんごうを　書《か》きましょう。

（1）あさ　おきたら、まず、かおを　あらいます。

（4）はを　みがいたら、ふくを　きがえて　学校《がっこう》に　いきます。

（2）つぎに、あさごはんを　たべます。

（3）ごはんの　あと、はを　みがきます。

27頁

じゅんじょ《じょうほう》　(2)

名まえ

つぎの　文《ぶん》しょうを　二回《にかい》　読《よ》んで、こたえましょう。

きゅうしょくとうばんの　じゅんびの　ことを　せつめいします。
はじめに、手《て》を　よく　あらいます。
つぎに、エプロンを　きて　ぼうしを　かぶります。マスクも　つけます。
それから、きゅうしょくしつに　きゅうしょくを　とりに　行《い》きます。あつい　ものや　おもい　ものが　あるので、気《き》を　つけて　はこびましょう。
㋐さいごに、クラスの　みんなに　きゅうしょくを　くばります。

(1)　この　文《ぶん》しょうは、なんの　ことを　せつめい　して　いる　文《ぶん》しょうですか。

きゅうしょくとうばん　の　じゅんびの　こと。

(2)　じゅんじょを　あらわして　いる　つぎの　ことばの　うち、一《ひと》つ目《め》の　ことを　あらわす　ことばに　○を　つけましょう。

（〇）はじめに

（　）つぎに

（　）それから

(3)　㋐「さいごに」から　はじまる　文《ぶん》は、じゅんじょで　いうと、どんな　ことを　せつめい　して　いますか。○を　つけましょう

（　）はじめに　する　こと。

（〇）おわりに　する　こと。

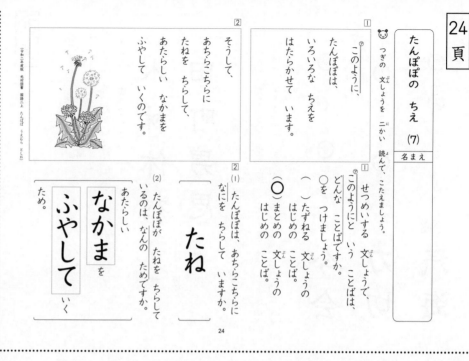

28頁

かんさつ名人《めいじん》に なろう (1)

名まえ

つぎの かんさつきろくの 文《ぶん》しょうを 二《に》かい 読《よ》んで、こたえましょう。

五月十八日《ごがつじゅうはちにち》（月《げつ》） 晴《は》れ
ミニトマトに 黄色《きいろ》い 花《はな》が さきました。
花《はな》は、ほしみたいな 形《かたち》に ひらいて いて、
花《はな》びらは どれも そりかえって います。
花《はな》びらを そっと さわって みたら、
さらさら して いました。

（令和二年度版 光村図書 国語二上 たんぽぽ「かんさつ名人に なろう」による）

(1) かんさつした 日《ひ》は いつですか。

［五月十八日］

(2) かんさつした ものは、なんですか。一《ひと》つに ○を つけましょう。

（ ）ミニトマトの たね。
（○）ミニトマトの 花《はな》。
（ ）ミニトマトの み。

(3) 見《み》て かんさつした ことは、なんですか。三《みっ》つに ○を つけましょう。

（○）花《はな》の 色《いろ》。
（ ）花《はな》の 数《かず》。
（○）花《はな》の 形《かたち》。
（○）花《はな》びらの 形《かたち》。

(4) 花《はな》びらが さらさら して いた ことは、どう やって かんさつして 気《き》づいた ことですか。

［そっと さわって みた。］

29頁

かんさつ名人《めいじん》に なろう (2)

名まえ

つぎの かんさつきろくの 文《ぶん》しょうを 二《に》かい 読《よ》んで、こたえましょう。

六月八日《ろくがつようか》（月《げつ》） くもり
ミニトマトの みが 大《おお》きく なって きました。
いちばん 大《おお》きな みは、ビー玉《だま》ぐらいです。
色《いろ》は、みどり色《いろ》です。さわって みると、つるつる
して いました。みの 先《さき》の 方《ほう》には、かれた
花《はな》が ついて いる ことに 気《き》が つきました。
㋐かおを 近《ちか》づけたら、赤《あか》い トマトと 同《おな》じ
においが しました。

（令和二年度版 光村図書 国語二上 たんぽぽ「かんさつ名人に なろう」による）

(1) かんさつした ものは、なんですか。

［ミニトマトの み。］

(2) みの 先《さき》の 方《ほう》を ていねいに かんさつして、どんな ことに 気《き》が つきましたか。

［みの 先《さき》の 方《ほう》には、かれた 花 が ついて いる こと。］

(3) ㋐かおを…しました。の 文《ぶん》は、どんな かんさつを して 分《わ》かった ことですか。一《ひと》つに ○を つけましょう。

（ ）大《おお》きさや 形《かたち》、色《いろ》を 見《み》る。
（ ）さわる。
（○）においを かぐ。

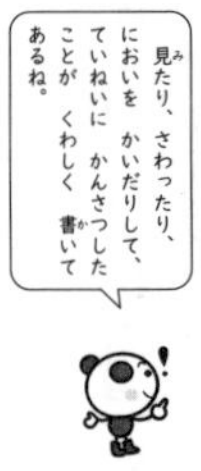
見《み》たり、さわったり、においを かいだりして、ていねいに かんさつした ことが くわしく 書《か》いて あるね。

30頁

同《おな》じ ぶぶんを もつ かん字《じ》 (1)

名まえ

(1) つぎの ぶぶんを もつ かん字《じ》を □から 三《みっ》つずつ えらんで 書《か》きましょう。

① 木…林 休 村
② 田…町 男 思

町	休	村
・	・	・
林	男	思

(2) つぎの 文《ぶん》しょうの 中《なか》に、同《おな》じ ぶぶんを もつ かん字《じ》が 二《ふた》つずつ あります。二《ふた》つの かん字《じ》を ○で かこみ、□に 書《か》きましょう。

① ○今○ おかあさんの ○会○社《しゃ》に つきました。 ［今 会］
② 小○刀○で がようしを ○切○る。 ［刀 切］

③ ○汽○車《しゃ》は、○海○の そばを はしる。 ［汽 海］

31頁

同《おな》じ ぶぶんを もつ かん字《じ》 (2)

名まえ

● つぎの □に あてはまる かん字《じ》を、同《おな》じ ぶぶんに 気《き》を つけて 書《か》きましょう。

① 学《がっ》校《こう》で かん字《じ》を ならう。
② 晴《は》れた 日《ひ》は、気《き》もちが よい。

③ 町《ちょう》内《ない》の 店《みせ》で 百《ひゃく》円《えん》の ペンを かう。
④ 姉《あね》と 妹《いもうと》が 手《て》を つないで あるく。

⑤ 花《はな》の 絵《え》を 太《ふと》い 線《せん》で かく。

⑥ きょう 聞《き》いた 話《はなし》を 日《にっ》記《き》に 書《か》く。

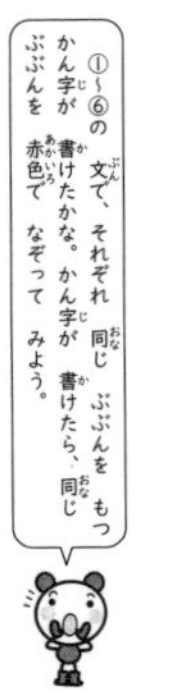
①～⑥の 文《ぶん》で、それぞれ 同《おな》じ ぶぶんを もつ かん字《じ》が 書《か》けたかな。かん字《じ》が 書《か》けたら、同《おな》じ ぶぶんを 赤色《あかいろ》で なぞって みよう。

本書の解答は，あくまでもひとつの例です。児童に取り組ませる前に，必ず指導される方が問題を解いてください。指導される方の作られた解答をもとに，児童の多様な考えに寄り添って○つけをお願いします。

32頁

うれしい ことば (1)

名まえ

さかいさんが うれしい ことばに ついて 書《か》いた つぎの 文《ぶん》しょうを、二《に》かい 読《よ》んで、こたえましょう。

じょうずだね

さかい まさし

なわとびを、八十回《はちじゅっかい》も つづけて とべました。あおやまさんが 見《み》て いて、「じょうずだね。」と 言《い》って くれました。とても うれしかった です。

（令和二年度版 光村図書 国語二上 たんぽぽ 「うれしい ことば」より）

(1) さかいさんが 言《い》って もらって うれしかった ことばは、どんな ことば ですか。

「じょうずだね。」

(2) さかいさんが どんな ときに 言《い》って もらった ことばでしたか。一《ひと》つに ○を つけましょう。

（ ）こまった とき。
（○）がんばった とき。
（ ）ひとりで いた とき。

(3) あおやまさんの ことばを 聞《き》いて、さかいさんが 思《おも》った ことを 書《か》いた 一文《いちぶん》に ○を つけましょう。

（ ）なわとびを、八十回《はちじゅっかい》も つづけて とべました。
（○）とても うれしかった です。

33頁

うれしい ことば (2)

名まえ

きくちさんが うれしい ことばに ついて 書《か》いた つぎの 文《ぶん》しょうを、二《に》かい 読《よ》んで、こたえましょう。

いっしょに あそぼう

きくち ありさ

ひとりで こうていを 歩《ある》いて いたら、どいさんが、「いっしょに あそぼう。」と さそって くれました。こんどは、わたしが さそおうと 思《おも》います。

（令和二年度版 光村図書 国語二上 たんぽぽ 「うれしい ことば」より）

(1) きくちさんが 言《い》われて うれしかった ことばは、どんな ことばですか。

「いっしょに あそぼう。」

(2) きくちさんが どんな ときに 言《い》って もらった ことばでしたか。

こうていを 歩《ある》いて いた とき。

ひとりで

(3) うれしい ことばを 聞《き》いた きくちさんは、どんな ことを 思《おも》って いますか。書《か》き出《だ》しましょう。

こんどは、わたしが さそおう（と 思い ます。）

34頁

スイミー (1)

名まえ

きょうか書《しょ》の つぎの 文《ぶん》しょうを 二回《にかい》 読《よ》んで、こたえましょう。

1 その とき、岩《いわ》かげに スイミーは… から …魚《さかな》の きょうだいたちを。 まで

2 スイミーは 言《い》った。「出《で》て… から …ものが いっぱいだよ。」 まで

1 (1) 「そっくり」と おなじ ことを あらわす ことばに ○を つけましょう。

（ ）ぜんぜん にて いない。
（○）とても にて いる。

(2) スイミーは 岩《いわ》かげに なにを 見《み》つけましたか。

スイミーの きょうだいたちと そっくりの、小さな 魚 の きょうだいたち

2 スイミーは、小《ちい》さな 魚《さかな》の きょうだいたちに、なんと 言《い》いましたか。二《ふた》つに ○を つけましょう。

（○）岩《いわ》かげから 出《で》て こいよ。
（○）みんなで あそぼう。
（ ）おもしろい ものを つくろう。

35頁

スイミー (2)

名まえ

きょうか書《しょ》の つぎの 文《ぶん》しょうを 二回《にかい》 読《よ》んで、こたえましょう。

1 小《ちい》さな 赤《あか》い 魚《さかな》たちは、… から …たべられて しまうよ。」 まで

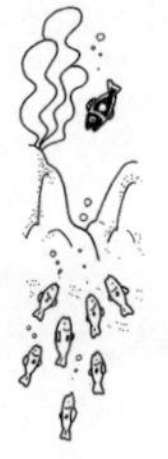

2 「だけど、いつまでも そこに じっと…」 から …うんと かんがえた。 まで

1 (1) 小《ちい》さな 魚《さかな》たちは、なに色《いろ》でしたか。

赤（色）

(2) 小《ちい》さな 魚《さかな》たちは、岩《いわ》かげから 出《で》ると、どうなって しまうと 思《おも》って いますか。

大きな 魚に たべられて しまう。

2 (1) いつまでも 岩《いわ》かげに いる わけには いかないと 言《い》ったのは だれですか。

スイミー

(2) スイミーは、どんな ことを かんがえましたか。○を つけましょう。

（ ）岩《いわ》かげに じっと して いる ほうほう。
（○）岩《いわ》かげから 出《で》ても 大《おお》きな 魚《さかな》に たべられない ほうほう。

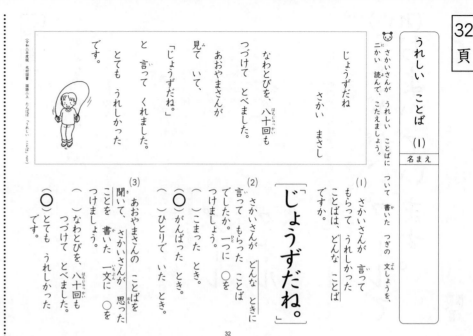

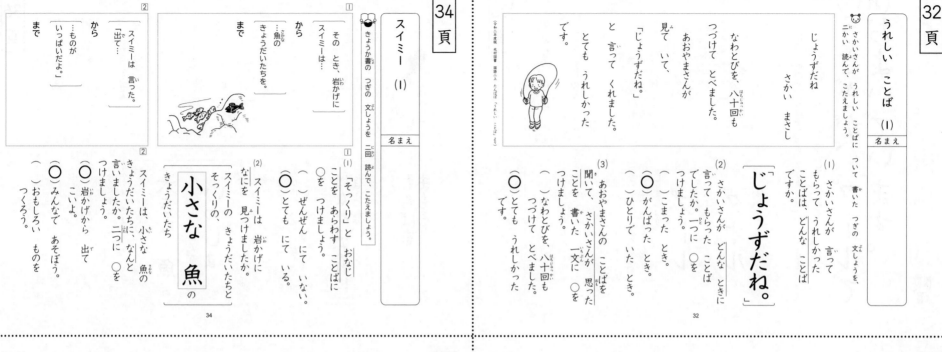

36 頁

スイミー (3)

名まえ

きょうか書《しょ》の つぎの 文《ぶん》しょうを 二回《にかい》 読《よ》んで、こたえましょう。

1

「それから、とつぜん、スイミーは…」から「…大《おお》きな魚《さかな》の ふりを して。」まで

2

「スイミーは 教《おし》えた。…」から「…もちばを まもる こと。」まで

1 スイミーは、どんな ことを かんがえつきましたか。

海《うみ》で いちばん **大きな 魚** の ふりを して、みんな **いっしょ** に およぐ こと。

2 スイミーは、どんな ことを みんなに 教《おし》えましたか。二《ふた》つ書《か》きましょう。

けっして、**はなればなれに ならない** こと。

みんな、**もちばを まもる** こと。

37 頁

スイミー (4)

名まえ

きょうか書《しょ》の つぎの 文《ぶん》しょうを 二回《にかい》 読《よ》んで、こたえましょう。

1

「みんなが、一《いっ》ぴきの大《おお》きな 魚《さかな》みたいに…」から「…「ぼくが、目《め》に なろう。」」まで

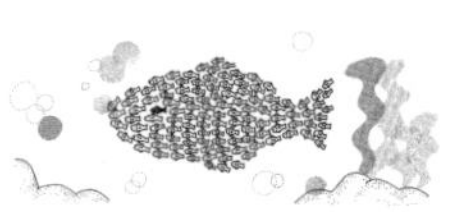

2

「あさの つめたい水《みず》の…」から「…大《おお》きな 魚《さかな》を おい出《だ》した。」まで

1 (1) みんなは、なにみたいに およげるように なりましたか。

一ぴきの 大きな 魚。

(2) 「ぼくが 目《め》に なろう。」と スイミーが 言《い》ったのは、なぜですか。□に あてはまる ことばを □から えらんで 書《か》きましょう。

スイミーだけが、**まっくろ** だから。

・まっか　・まっくろ　・まっしろ

2 みんなは およいで、さいごに どう しましたか。一《ひと》つに ○を つけましょう。

(　) 大《おお》きな 魚《さかな》から うまく にげた。

(○) 大《おお》きな 魚《さかな》を おい出《だ》した。

(　) 大《おお》きな 魚《さかな》と いっしょに およいだ。

38 頁

かたかなの ひろば (1)

名まえ

つぎの 絵《え》を 見《み》て、もんだいに こたえましょう。

(1) つぎの ①、②の 文《ぶん》の □に あう ことばを、絵《え》の 中《なか》の かたかなの ことばから えらんで 書《か》きましょう。

① **プール** で およぐ。

② **タオル** で 体《からだ》を ふく。

(2) 絵《え》の 中《なか》の ことばを つかって、文《ぶん》を 一《ひと》つ つくりましょう。

〈れい〉 ぶたが、シャワーを あびて います。

(れい)

うさぎが、プールで およいでいます。

絵《え》の 中《なか》で、「だれ(どの どうぶつ)が、なにを して いる」ところなのかを 見《み》つけて、文《ぶん》に 書《か》いて みよう。かたかなの ことばを つかうのも、わすれないでね。

39 頁

かたかなの ひろば (2)

名まえ

つぎの 絵《え》を 見《み》て、もんだいに こたえましょう。

(1) つぎの ①、②の 文《ぶん》の □に あう ことばを、絵《え》の 中《なか》の かたかなの ことばから えらんで 書《か》きましょう。

① 犬《いぬ》が、**ゴール** を 目《め》ざして はしる。

② ねこと コアラが、**ダンス** を する。

(2) 絵《え》の 中《なか》の ことばを つかって、文《ぶん》を 一《ひと》つ つくりましょう。

〈れい〉 くまと 犬《いぬ》が、ゴールの テープを もって います。

(れい)

ねずみが、リレーの バトンを くまに わたして います。

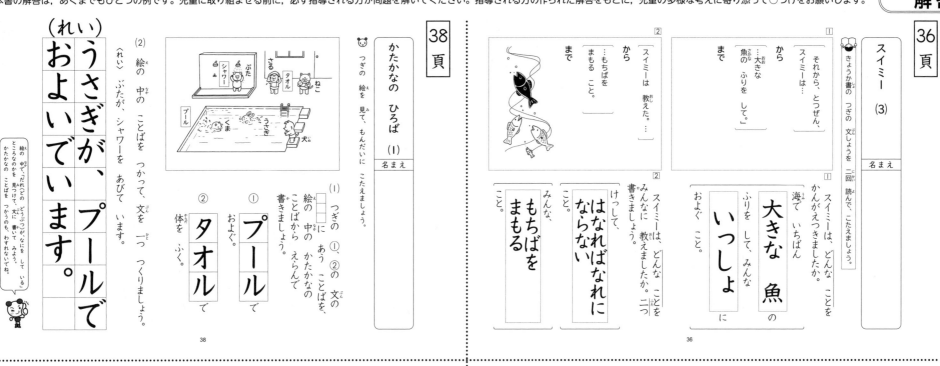

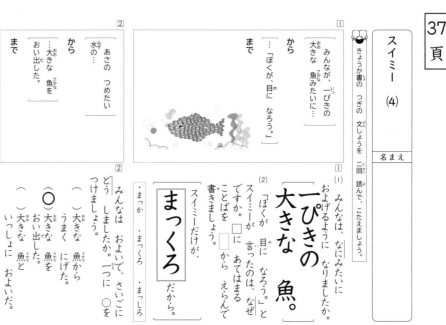

本書の解答は，あくまでもひとつの例です。児童に取り組ませる前に，必ず指導される方が問題を解いてください。指導される方の作られた解答をもとに，児童の多様な考えに寄り添って○つけをお願いします。

40頁

情報《じょうほう》 メモを とる とき

名まえ

たくやさんの クラスでは、町《まち》たんけんで パンやさんを 見学《けんがく》します。たんけんで 見《み》つけたものや 気《き》づいた ことを、メモする ことに なりました。メモに ついて、つぎの もんだいに こたえましょう。

(1) メモを とる ときは、どんな ことばで 書《か》くと よいですか。○を つけましょう。

(◯) できるだけ みじかい ことばで 書《か》く。

(　) 長《なが》い 文《ぶん》しょうで くわしく 書《か》く。

(2) つぎの メモは、たくやさんが パンやさんで 話《はなし》を 聞《き》いた ときに とった メモの 一《いち》ぶぶんです。この メモを 見《み》て こたえましょう。

六月七日《ろくがつなのか》 (水《すい》)
・パンやさん
・にんきの パン
1、クリームパン
2、メロンパン
3、あんパン

〈たくやさんの メモの 一《いち》ぶぶん〉

① メモを 書《か》いた 日《ひ》づけを 書《か》きましょう。

「六月七日」

② たくやさんは、にんきの ある パンの 名前《なまえ》を、1〜3の ばんごうを つけて じゅんに メモに 書《か》きました。いちばん にんきの ある パンは なんでしたか。

「クリームパン」

41頁

こんな もの、見《み》つけたよ (1)

名まえ

町《まち》の 中《なか》を たんけんして 見《み》つけた ものを 文《ぶん》しょうに する じゅんびを します。つぎの ささきさんの 文《ぶん》しょうの 組《く》み立《た》ての れいを 見《み》て、こたえましょう。

(ささきさんの 文《ぶん》しょうの 組《く》み立《た》ての れい)

㋐	知《し》らせたいこと	・きれいな 花《はな》が さいて いる 木《き》を、くじらこうえんで 見《み》つけた。
中《なか》	くわしい (㋑)	・ブランコの 後《うし》ろに 生《は》えて いた。 ・木《き》の みきが、つるつる して いる。 ・ピンクの 花《はな》が さいて いる 木《き》が 一本《いっぽん》、白《しろ》い 花《はな》が さいて いる 木《き》が 二本《にほん》 あった。 ・先生《せんせい》に きいて みたら、さるすべりと いう 木《き》だと 教《おし》えて くれた。
㋒	まとめの ことば	・みんなにも、さるすべりの 花《はな》を 見《み》て ほしい。

(令和二年度版　光村図書　国語二上　たんぽぽ「こんな もの、見つけたよ」による)

ささきさん

(1) ささきさんが 知《し》らせたい ことは どんな ことですか。

きれいな 「花」が さいている 「木」を、「くじらこうえん」で 見《み》つけた こと

(2) この 文《ぶん》しょうの 組《く》み立《た》ての れいを 見《み》て、㋐〜㋒に あてはまる ことばを □から えらんで 書《か》きましょう。

㋐ 「はじめ」
㋑ 「せつめい」
㋒ 「おわり」

・おわり　・はじめ　・せつめい

42頁

こんな もの、見《み》つけたよ (2)

名まえ

ささきさんが 町《まち》の 中《なか》を たんけんして 文《ぶん》しょうに しました。つぎの 文《ぶん》しょうを 二回《にかい》 読《よ》んで、こたえましょう。

きれいな 花《はな》が さいた 木《き》

ささき まな

㋐ わたしは、くじらこうえんで、きれいな 花《はな》が さいて いる 木《き》を 見《み》つけました。

㋑ ブランコの 後《うし》ろに、ピンクの 花《はな》が さいて いる 木《き》が 一本《いっぽん》、白《しろ》い 花《はな》が さいて いる 木《き》が 二本《にほん》 ありました。木《き》の みきを さわって みると、つるつる して いて、びっくり しました。

先生《せんせい》に きいて みたら、「それは、さるすべりの 木《き》ですよ。」と 教《おし》えて くれました。

㋒ みなさんも、ぜひ、さるすべりの きれいな 花《はな》を 見《み》に 行《い》って ください。

(令和二年度版　光村図書　国語二上　たんぽぽ「こんな もの、見つけたよ」による)

(1) 上《うえ》の 文《ぶん》しょうは、組《く》み立《た》てを 考《かんが》えて 書《か》いた 文《ぶん》しょうです。㋐〜㋒に あてはまる 組《く》み立《た》ての ことばを □から えらんで 書《か》きましょう。

㋐ 「はじめ」
㋑ 「中」
㋒ 「おわり」

・はじめ　・おわり　・中《なか》

(2) ㋐では、どんな ことが 書《か》いて ありますか。○を つけましょう。

(◯) 町《まち》で 見《み》つけた、人《ひと》に 知《し》らせたい こと。

(　) 人《ひと》から 聞《き》いた こと。

(3) ㋒では、どんな ことが 書《か》いて ありますか。○を つけましょう。

(　) くわしい せつめい。

(◯) まとめの ことばで、いま ささきさんが 思《おも》って いる こと。

43頁

丸《まる》、点《てん》、かぎ (1)

名まえ

(1) 丸《まる》、点《てん》、かぎの つかい方《かた》を、——線《せん》で むすびましょう。

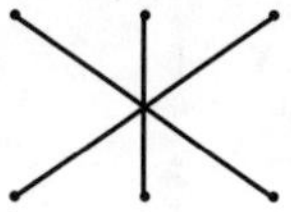

① 丸《まる》 (。) — 文《ぶん》の おわりに つける。

② 点《てん》 (、) — 文《ぶん》の 中《なか》の 切《き》れ目《め》に うつ。

③ かぎ (「」) — 人《ひと》の 話《はな》した ことばに つける。

(2) つぎの 文《ぶん》が 正《ただ》しい 書《か》き方《かた》に なるように、□に 丸《まる》 (。) か 点《てん》 (、) を つけましょう。

① わたしたちは 「、」 すなばで あそびました 「。」

② 白《しろ》い ぼうしの 女《おんな》の子《こ》は 「、」 ぼくの 妹《いもうと》です 「。」

③ 書《か》きじゅんに 気《き》を つけて 「、」 字《じ》を 書《か》きましょう 「。」

④ さくらの 花《はな》を 見《み》ると 「、」 春《はる》だなあと 思《おも》います 「。」

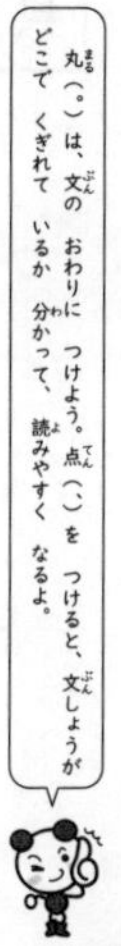

丸《まる》(。)は、文《ぶん》の おわりに つけよう。点《てん》(、)を つけると、文《ぶん》しょうが どこで くぎれて いるか 分《わ》かって、読《よ》みやすく なるよ。

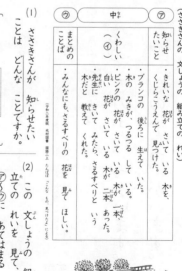

44頁

丸《まる》、点《てん》、かぎ (2)
（丸《まる》と 点《てん》）

名まえ

● つぎの ①、②の 文《ぶん》しょうを それぞれ 二《ふた》つの 文《ぶん》に します。正《ただ》しい 書《か》き方《かた》に なるように、□に 丸《まる》（。）と 点《てん》（、）を 二《ふた》つずつ つけましょう。

①
わたしの うちでは、犬《いぬ》を かって います。わたしが 学《がっ》校《こう》から かえって くると、うれしそうに しっぽを ふりま す。

②
きのう、ともだちと こうえんに 行《い》くと ちゅう、つばめの すを 見《み》つけました。いつの まに できたのだろうと びっくりしました。

丸《まる》（。）や 点《てん》（、）を 書《か》く ばしょに 気《き》を つけましょう。
もし、文《ぶん》の おわりの 文字《もじ》が、行《ぎょう》の さいごに きた ときは、つぎの ように 書《か》きましょう。（㋐文字《もじ》と いっしょに ますの 中《なか》に 書《か》くか、㋑ますの 下《した》に 書《か》く。）
㋐ つばめのすを見つけました。
㋑ つばめのすを見つけました 。
点《てん》（、）や、かぎ（「」）の おわりも 同《おな》じように 書《か》きます。

45頁

丸《まる》、点《てん》、かぎ (3)
（点《てん》）

名まえ

● つぎの 文《ぶん》が 読《よ》みやすく なるように、点《てん》（、）を 一《ひと》つずつ うって 書《か》きなおしましょう。

〈れい〉 雨《あめ》が やんだので かさを とじました。
雨《あめ》が やんだので、かさを とじました。

① 先《せん》生《せい》に わけを きいてみると すぐに 教《おし》えてくれました。
先生に わけを きいてみると、すぐに 教えてくれました。

② しゅくだいを した あと おやつを たべました。
しゅくだいを した あと、おやつを たべました。

点《てん》（、）は、文《ぶん》の 切《き》れ目《め》に うちます。ここでは、二《ふた》つの 文《ぶん》を つないで できた 文《ぶん》を 分《わ》かりやすく する ために、点《てん》（、）を うって います。

46頁

丸《まる》、点《てん》、かぎ (4)
（丸《まる》と 点《てん》）

名まえ

● つぎの 文《ぶん》が 読《よ》みやすく なるように、丸《まる》（。）と 点《てん》（、）を 一《ひと》つずつ つけて 書《か》きなおしましょう。

〈れい〉 ぼくたち きょうだいは こうえんに 行《い》きました
ぼくたち きょうだいは、こうえんに 行《い》きました。

① 水《すい》そうの 中《なか》の 魚《さかな》が すいすいと およいで います
水そうの 中の 魚が、すいすいと およいで います。

② プレゼントを もらった 妹《いもうと》は とても よろこびました
プレゼントを もらった 妹は、とても よろこびました。

丸《まる》（。）は、文《ぶん》の おわりに つけます。
また、点《てん》（、）は、文《ぶん》の 切《き》れ目《め》に うちます。
ここでは、「なにが（だれが）、どうする。」や、「なには（だれは）、どうする。」のような 文《ぶん》の 中《なか》で、文《ぶん》を 分《わ》かりやすく するために 点《てん》（、）を つけて います。

47頁

丸《まる》、点《てん》、かぎ (5)
（文《ぶん》の いみが かわる 点《てん》）

名まえ

● 文《ぶん》の いみが 絵《え》に あうように、点《てん》（、）を 一《ひと》つずつ つけて 書《か》きなおしましょう。

〈れい〉 このばしょではきものをぬぐ。

このばしょで、はきものをぬぐ。

このばしょでは、きものをぬぐ。

点《てん》（、）を うつ ところが ちがうと、文《ぶん》の いみが かわる ことが あります。

① このふたつかいます。

このふた、つかいます。

このふたつ、かいます。

② ぼくはいしゃになりたい。

ぼくは、いしゃになりたい。

ぼく、はいしゃになりたい。

解答例

本書の解答は，あくまでもひとつの例です。児童に取り組ませる前に，必ず指導される方が問題を解いてください。指導される方の作られた解答をもとに，児童の多様な考えに寄り添って○つけをお願いします。

48頁

丸《まる》、点《てん》、かぎ（かぎ） (6)

名まえ

● つぎの 文《ぶん》しょうが 正《ただ》しい 書《か》き方《かた》に なるように、□に かぎ（「」）を 一《ひと》つずつ つけましょう。

① ぼくは、たくやくんに、「おにごっこをしよう。」と言いました。

② 水《みず》やりのしごとをしていたら、えりちゃんが、「てつだうよ。」と言《い》ってくれました。

③ おねえちゃんが、「おやつをたべよう。」と言《い》って、クッキーをおさらにのせてくれました。

かぎは、会話《かいわ》（人《ひと》が 話《はな》した ことば）に つけます。行《ぎょう》を かえて 書《か》かれて いる ところです。かぎを 書《か》く ばしょにも 気《き》を つけましょう。

（はじまり）「 （おわり）。」

49頁

丸《まる》、点《てん》、かぎ (7)

名まえ

● つぎの 文《ぶん》しょうが 正《ただ》しい 書《か》き方《かた》に なるように、□に 丸《まる》（。）、点《てん》（、）、かぎ（「」）を 一《ひと》つずつ つけましょう。

① おばあちゃんは、「また、あそびにおいで。」と言《い》いました。

② さとしがサッカーボールをもってやってきて、「いっしょにあそぼう。」と言《い》いました。

③ おかあさんに花《はな》の名前《なまえ》をきいてみたら、「それは、すみれの花《はな》よ。」と教《おし》えてくれました。

50頁

丸《まる》、点《てん》、かぎ (8)

名まえ

● つぎの 文《ぶん》しょうを 読《よ》んで、もんだいに こたえましょう。

ひる休《やす》みに、みさきちゃんが、「おにごっこしよう。」とさそってくれました。わたしは、「なわとびがいいな。」と言《い》いました。

① 右《みぎ》の 文《ぶん》しょうの □に 丸《まる》（。）を 四《よっ》つ つけましょう。

② 右《みぎ》の 文《ぶん》しょうの □に 点《てん》（、）を 三《みっ》つ つけましょう。

③ 右《みぎ》の 文《ぶん》しょうの □に かぎ（「」）を 二《に》かしょ つけましょう。

〈ヒント〉
① 丸《まる》（。）は、文《ぶん》の おわりに つけます。
② 点《てん》（、）は、文《ぶん》の 切《き》れ目《め》に うちます。ここでは、「ひる休《やす》みに」と いう じかんを あらわす ことばの あとと、「○○が（は）」の あとに うちましょう。
③ かぎ（「」）は、会話《かいわ》に つけます。
一《ひと》つの ます目《め》に 丸《まる》（。）と かぎ（」）が 入《はい》る ところが あります。 。」

51頁

あったら いいな、こんな もの

名まえ

「あったらいいな。」と 思《おも》う ものを 考《かんが》えています。考《かんが》えて いる ことを はっきり させる ために ともだちと しつもんを しあって、考《かんが》えを くわしく します。つぎの 会話《かいわ》の 文《ぶん》しょうを 読《よ》んで、こたえましょう。

空《そら》を じゆうに とべる、まほうの 羽《はね》が あったら いいな。

あったら いいなと 思《おも》う わけ

㋐、あったら いいなと 思《おも》ったの。

雲《くも》の 上《うえ》を さんぽしたら、たのしいだろうなと 思《おも》ったからだよ。

はたらき（できること）

さんぽの ほかには、どんな ことが できるの。

空《そら》を とんで、どこへでも 行《い》けるし、空《そら》で ちゅうがえりも できるよ。

形《かたち》や色《いろ》、大《おお》きさなど

それは、㋑ 形《かたち》や 色《いろ》を しているの。

とんぼの 羽《はね》みたいな 形《かたち》を して いるよ。色《いろ》は、㋒すきとおって いるんだ。

大《おお》きさは、どれぐらいなんだろう。

ランドセルみたいに、せなかに せおえるくらいの 大《おお》きさだよ。

（令和二年度版 光村図書 国語二上 たんぽぽ「あったらいいな、こんなもの」による）

(1) 上《うえ》の ㋐、㋑に あてはまる ことばを □から えらんで 書《か》きましょう。

㋐ どうして

㋑ どんな

・どんな ・いつ ・どうして

(2) はっぴょうする ときの 言《い》い方《かた》に ついて こたえましょう。

① はっぴょうする ときの 言《い》い方《かた》に あう ほうに ○を つけましょう。

（○）「です」「ます」などの ていねいな 言《い》い方《かた》。

（ ）ふつうの 言《い》い方《かた》。

② ㋒すきとおって いるんだ。の ところを、はっぴょうする ときの 言《い》い方《かた》に なおして 書《か》きましょう。

（れい）すきとおって います。

52頁

きせつの ことば2
夏《なつ》が いっぱい (1)

名まえ

つぎの 夏《なつ》の 絵《え》を 見《み》て、こたえましょう。

(1) 夏《なつ》に かんけいの ある 花《はな》の 名前《なまえ》を 二《ふた》つ 書《か》きましょう。

(れい)
あさがお
ひまわり

(2) 夏《なつ》に かんけいの ある 虫《むし》の 名前《なまえ》を 二《ふた》つ 書《か》きましょう。

(れい)
せみ
かぶと虫

(3) 夏《なつ》に かんけいの ある やさいや くだものの 名前《なまえ》を 三《みっ》つ 書《か》きましょう。

(れい)
きゅうり
トマト
とうもろこし

53頁

きせつの ことば2
夏《なつ》が いっぱい (2)

名まえ

つぎの しを 二回《にかい》 読《よ》んで、こたえましょう。

みんみん
たにかわ しゅんたろう

みんみん なくのは ㋐せみ
そうっと ちかづく あみ
はやしの むこうに うみ
きらきら かがやく なみ
よびごえ きこえる みみ
いちばん なかよし きみ
とこやに いったね かみ
まっかに みのった ぐみ

（令和二年度版 光村図書 国語二上 たんぽぽ たにかわ しゅんたろう）

(1) ㋐せみのように、「み」で おわる 二字《にじ》の ことばが ほかに 七《なな》つ あります。すべて 書《か》きましょう。

せみ あみ
うみ なみ
みみ きみ
かみ ぐみ

(2) きらきら かがやくのは、なんですか。一《ひと》つに ○を つけましょう。

( ) あみ ( ) うみ
(○) なみ ( ) みみ

(3) いちばん なかよしなのは、だれですか。

きみ

54頁

本《ほん》は友《とも》だち
お気《き》に入《い》りの 本《ほん》を しょうかいしよう

名まえ

友《とも》だちが、お気《き》に入《い》りの 本《ほん》に ついて しょうかい して います。つぎの 文《ぶん》しょうを 二回《にかい》 読《よ》んで、こたえましょう。

ぼくの お気《き》に入《い》りの 本《ほん》は、きたむらさとしさんの 「ミリーの すてきな ぼうし」です。
この本《ほん》には、ミリーと いう 女《おんな》の子《こ》が 出《で》て きます。ミリーは、そうぞうで いろいろな ぼうしを かぶります。
みんなが いろいろな ぼうしを かぶって いる ことに、ミリーが 気《き》づく ところが、たのしいです。
ぜひ、読《よ》んで みて ください。

（令和二年度版 光村図書 国語二上 たんぽぽ 「お気に入りの本をしょうかいしよう」による）

(1) 「ぼく」が しょうかい して いる お気《き》に入《い》りの 本《ほん》の だいめいは、なんですか。

ミリーのすてきなぼうし

(2) 「ミリー」とは、なんの 名前《なまえ》ですか。○を つけましょう。

(○) とうじょうじんぶつ。

( ) 本《ほん》を 書《か》いた 人《ひと》。

(3) 「ぼく」は、お気《き》に入《い》りの 本《ほん》の どんな ところを すきだと 言《い》って いますか。○を つけましょう。

( ) ミリーが、そうぞうで いろいろな ぼうしを かぶる ところ。

(○) みんなが いろいろな ぼうしを かぶって いることに、ミリーが 気《き》づくところ。

55頁

ミリーのすてきなぼうし (1)

名まえ

つぎの 文《ぶん》しょうを 二回《にかい》 読《よ》んで、こたえましょう。

1

〔ミリーは、ぼうしやさんで、そうぞう しだいで どんな ぼうしにも なる、すばらしい ぼうしを 手《て》に 入《い》れました。〕

ミリーは、あたらしい ぼうしが 気《き》に入《い》りました。

「でも、なにか ㋐そうぞう しなくちゃ。」

ミリーは思《おも》いました。

2

「㋑じゃないと、ぼうしの形《かたち》が 見《み》えないもの。どんな ぼうしにしようかな――。

そうだ、お店《みせ》にあった いろんな色《いろ》の羽《はね》の ぼうし。

あんなぼうし――。

でもね、もっともっと たくさん羽《はね》がついてるの。」

そう、クジャクのぼうし。


（令和二年度版 光村図書 国語二上 たんぽぽ きたむら さとし）

1

(1) ㋐そうぞうと おなじ ことを あらわす ことばに ○を つけましょう。

(○) こころの 中《なか》に 思《おも》い うかべる こと。

( ) 絵《え》に かく こと。

(2) ミリーが 気《き》に入《い》った ものは、なんですか。

あたらしいぼうし

2

(1) ㋑じゃないと おなじ ことを あらわす ことばに ○を つけましょう。

( ) あたらしい ぼうしを たくさん 買《か》わないと。

(○) なにか そうぞうしないと。

(2) ミリーは、なんと いう とりの ぼうしを そうぞう しましたか。

クジャク

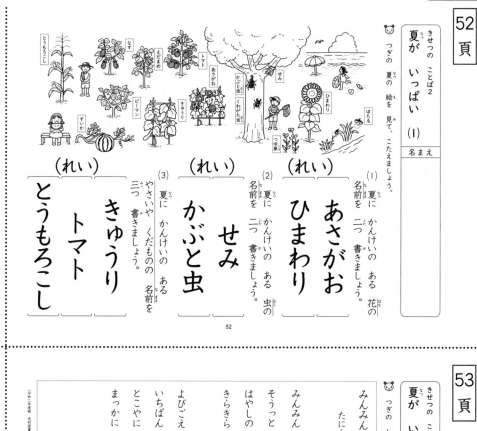

解答例

本書の解答は，あくまでもひとつの例です。児童に取り組ませる前に，必ず指導される方が問題を解いてください。指導される方の作られた解答をもとに，児童の多様な考えに寄り添って○つけをお願いします。

56 頁

ミリーのすてきなぼうし (2)

名まえ

つぎの　文《ぶん》しょうを　二回《にかい》　読《よ》んで、こたえましょう。

1

ケーキやさんの前《まえ》を通《とお》ったら、おいしそうなケーキが　いっぱいならんでいました。ミリーは、そうぞうしました。

㋐、ぼうしは、ケーキのぼうしになりました。

2

㋑を　通《とお》りすぎたとき、ミリーのぼうしは、花《はな》でいっぱいの　ぼうしになりました。

公園《こうえん》では、ふんすいのぼうしです。

（令和二年度版　光村図書　国語二上　たんぽぽ　きたむら　さとし）

1

(1) ㋐に　あてはまることばに　○を　つけましょう。

（　）けれども

（◯）すると

(2) ぼうしが、ケーキの　ぼうしになったのは、なぜですか。

ミリーが、ケーキの　ことを、【そうぞう】したから。

2

(1) ㋑に　あてはまるお店《みせ》は　なんの　お店《みせ》ですか。一《ひと》つに　○を　つけましょう。

（　）ケーキやさん

（◯）花《はな》やさん

（　）ぼうしやさん

(2) ぼうしが、ふんすいのぼうしに　なったのは、ミリーがどこを　通《とお》った　ときでしたか。

【公園】

57 頁

ミリーのすてきなぼうし (3)

名まえ

つぎの　文《ぶん》しょうを　二回《にかい》　読《よ》んで　こたえましょう。

1

（ケーキやさんの　前《まえ》で、ミリーが　そうぞうすると、ぼうしは、ケーキの　ぼうしに　なりました。花《はな》やでは、花《はな》で　いっぱいの　ぼうし、公園《こうえん》では、ふんすいの　ぼうしに　なりました。）

そのときです。ミリーは、気《き》がつきました。ぼうしをかぶっているのは、じぶんだけじゃないんだと。

2

みんな、ぼうしをもっていたのです。

そのどれもが、㋐それぞれちがったぼうしでした。

（令和二年度版　光村図書　国語二上　たんぽぽ　きたむら　さとし）

1

ミリーは、どんな　ことに気《き》が　ついたのですか。

そうぞうの【ぼうし】をかぶって　いるのは、【じぶんだけじゃない】と　いうこと。

2

(1) みんなは、なにを　もっていたのですか。

【ぼうし】

(2) ㋐それぞれちがったぼうしとおなじ　ことを　あらわすことばに　○を　つけましょう。

（◯）一《ひと》つ一《ひと》つ　ちがった　ぼうし

（　）そっくり　おなじ　ぼうし

58 頁

ミリーのすてきなぼうし (4)

名まえ

つぎの　文《ぶん》しょうを　二回《にかい》　読《よ》んで、こたえましょう。

1

むこうから、おばあさんがやってきました。

おばあさんのぼうしは、くらくてさびしい水《みず》たまりでした。

ミリーがおばあさんにほほえみかけると、ミリーのぼうしの中《なか》から鳥《とり》や魚《さかな》がとび出《だ》して、おばあさんのぼうしにとびうつりました。

2

ミリーはうれしくなって、うたをうたいました。

すると、ぼうしもいっしょにうたいました。

（令和二年度版　光村図書　国語二上　たんぽぽ　きたむら　さとし）

1

(1) おばあさんの　ぼうしは、どんな　ぼうしでしたか。

【くらくてさびしい水たまり】の　ぼうし。

(2) ミリーの　ぼうしの　中《なか》から鳥《とり》や　魚《さかな》が　とび出《だ》して、おばあさんの　ぼうしにとびうつったのは、ミリーがなにを　した　ときですか。

おばあさんに【ほほえみ】かけた　とき。

2

ミリーが　うれしく　なって、うたを　うたうと、ぼうしはどう　なりましたか。一《ひと》つに○を　つけましょう。

（　）ぼうしは　ほほえんだ。

（　）ぼうしは　おどろいた。

（◯）ぼうしも　うたった。

59 頁

ミリーのすてきなぼうし (5)

名まえ

つぎの　文《ぶん》しょうを　二回《にかい》　読《よ》んで、こたえましょう。

1

そうしてミリーは、いえにもどりました。

㋐、ぼうしが大《おお》きくなりすぎて、中《なか》に入《はい》れません。ミリーは、ちがったぼうしをそうぞうしてみました。

2

ミリーは、いえに入《はい》ると言《い》いました。

「ママ、わたしのあたらしいぼうし、見《み》て。㋑きれいでしょ。」

「あたらしいぼうし。」

ママは、ちょっとびっくりしています。だって、ぼうしなんかどこにも――。

（令和二年度版　光村図書　国語二上　たんぽぽ　きたむら　さとし）

1

(1) ㋐に　あてはまることばに　○を　つけましょう。

（◯）でも　（　）だから

(2) ぼうしが　大《おお》きく　なりすぎて、いえの　中《なか》に　入《はい》れないミリーは、どう　しましたか。

【ちがったぼうしをそうぞうしてみました。】

2

(1) ミリーは、なにを　㋑きれいでしょ。と　言《い》いましたか。

わたしの【あたらしいぼうし】。

(2) ママが　ちょっと　びっくりしたのは、なぜですか。○を　つけましょう。

（◯）ぼうしが　どこにもないのに、ミリーが「ぼうし、見《み》て。」と　言《い》ったから。

（　）ミリーが　あたらしいぼうしを　かぶっていたから。

60頁

ミリーのすてきなぼうし (6)

名まえ

つぎの 文《ぶん》しょうを 二回《にかい》 読《よ》んで、こたえましょう。

1

「あたらしいぼうし。」
ママは、ちょっとびっくりしています。だって、ぼうしなんかどこにも——。
㋐、㋑ママは、こうこたえることにしました。
「まあ、すてきね。ママも、そんなぼうし、ほしいな。」

2

「ママだってもってるのよ、ほんとうは。そうぞうすればいいの。」
と、ミリー。
そうです。㋒だれだってもっているのです。じぶんだけのすてきなぼうしを。

（令和二年度版　光村図書　国語二上　たんぽぽ　きたむら　さとし）

1

(1) ㋐ に あてはまる ことばに ○を つけましょう。

（ ）だから　（◯）でも

(2) ㋑ママは、こう…しました。と ありますが、どう こたえたのですか。ぜんぶ 書《か》き出《だ》しましょう。

「まあ、すてきね。ママも、そんなぼうし、ほしいな。」

2

㋒だれだってもっているのです。と ありますが、なにを もっているのですか。文《ぶん》の 中《なか》から 十三字《じゅうさんじ》で 書《か》き出《だ》しましょう。

じぶんだけのすてきなぼうし

61頁

雨《あめ》のうた

名まえ

つぎの しを 二回《にかい》 読《よ》んで、こたえましょう。

雨《あめ》のうた　　つるみ　まさお

あめは ひとりじゃ うたえない、
きっと ㋐だれかと いっしょだよ。
やねと いっしょに やねのうた
つちと いっしょに つちのうた
かわと いっしょに かわのうた
はなと いっしょに はなのうた。

あめは だれとも なかよしで、
どんな うたでも しってるよ。
やねで とんとん やねのうた
つちで ぴちぴち つちのうた
かわで つんつん かわのうた
はなで しとしと はなのうた。

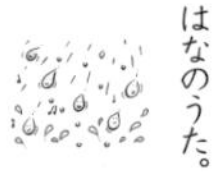

（令和二年度版　光村図書　国語二上　たんぽぽ　つるみ・まさお）

(1) ひとりじゃ うたえないのは、だれですか。

あめ

(2) ㋐だれかとは、だれの ことですか。四《よっ》つに ○を つけましょう。

（ ）あめ　（◯）かわ
（◯）やね　（ ）うた
（◯）つち　（◯）はな

(3) ①〜④の うたを、あめが うたう とき、どのように うたいますか。

① やねのうた　とんとん
② つちのうた　ぴちぴち
③ かわのうた　つんつん
④ はなのうた　しとしと

62頁

ことばで みちあんない

名まえ

みかさんが りえさんに でんわを して、二人《ふたり》は こうえんで まちあわせを する ことに しました。つぎの こうえんの ちずを 見《み》て、こたえましょう。

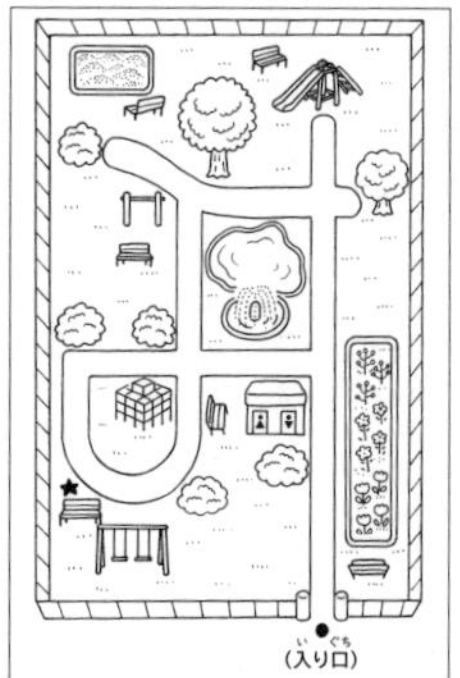

（入り口《いりぐち》）

● 上《うえ》の ちずは、二人《ふたり》が まちあわせを する ばしょを ★で あらわした ものです。つぎの 文《ぶん》の □に あう ことばを、□から えらんで 書《か》きましょう。

① まちあわせの ばしょは、ぶらんこの 前《まえ》の ベンチ（★）です。
② まず、入り口《ぐち》（●）から、まっすぐ すすみます。
③ トイレ▯の ある かど を 左《ひだり》に まがります。
④ つぎに、ジャングルジム▯の ある 十字ろ の ところで、また 左《ひだり》に まがります。
⑤ そのまま すすむと、左がわ に ぶらんこ▯が あります。その 前《まえ》の ベンチが まちあわせの ばしょです。

・まっすぐ　・十字《じゅうじ》ろ　・かど　・左《ひだり》がわ

みちあんないの とおりに ちずを 見《み》て いくと、まちあわせの ばしょ（★）に 行《い》けるかな。 えんぴつで たどって たしかめてみよう。

63頁

どうぶつ園《えん》のじゅうい (1)

名まえ

つぎの 文《ぶん》しょうを 二回《にかい》 読《よ》んで、こたえましょう。

1

わたしは、どうぶつ園《えん》ではたらいている じゅういです。

※じゅうい…どうぶつの びょうきや けがを なおす いしゃ。

2

わたしのしごとは、どうぶつたちが元気《げんき》に くらせるようにすることです。どうぶつが びょうきやけがを したときには、ちりょうをします。
ある日《ひ》の わたしのしごとのことを書《か》いてみましょう。

※ちりょう…びょうきや けがの 手当《てあ》てを して なおすこと。

（令和二年度版　光村図書　国語二上　たんぽぽ　うえだ　みや）

1

(1) ひっしゃ（文《ぶん》しょうを 書《か》いた人《ひと》）は、どこで はたらいて いますか。

どうぶつ園

(2) ひっしゃは、なんの しごとを して いる 人《ひと》ですか。

じゅうい

2

(1) ひっしゃの しごとは、なにを する ことですか。二《ふた》つ 書《か》きましょう。

どうぶつたちが 元気にくらせる ように する こと。

どうぶつが びょうきや けがを した ときに ちりょう を する こと。

本書の解答は，あくまでもひとつの例です。児童に取り組ませる前に，必ず指導される方が問題を解いてください。指導される方の作られた解答をもとに，児童の多様な考えに寄り添って○つけをお願いします。

64頁

どうぶつ園《えん》のじゅうい (2)

名まえ

つぎの 文《ぶん》しょうを 二回《にかい》 読《よ》んで、こたえましょう。

1

朝《あさ》、わたしのしごとは、どうぶつ園《えん》の中《なか》を 見回《みまわ》ることからはじまります。

2

なぜかというと、元気《げんき》なときの どうぶつのようすを見《み》ておくと、びょうきになったとき、すぐに気《き》づくことができるからです。また、ふだんから わたしの顔《かお》を見《み》せて、なれてもらうという大切《たいせつ》なりゆうもあります。

（令和二年度版 光村図書 国語二上 たんぽぽ うえだ みや）

1 ひっしゃの 一日《いちにち》の しごとは、いつ、なにを する ことから はじまりますか。

・いつ　朝

・なにを する こと　どうぶつ園の中を見回る こと。

2 ひっしゃが どうぶつ園《えん》を 見回《みまわ》る ことから しごとを はじめる りゆうを 二《ふた》つ えらんで ○を つけましょう。

(○)元気《げんき》な ときの どうぶつの ようすを 見《み》ておくため。

(　)どうぶつの 顔《かお》を 見《み》て、たのしい 気分《きぶん》に なるため。

(○)ふだんから 顔《かお》を 見《み》せて、なれて もらうため。

64

65頁

どうぶつ園《えん》のじゅうい (3)

名まえ

つぎの 文《ぶん》しょうを 二回《にかい》 読《よ》んで、こたえましょう。

1

どうぶつたちは、よく知《し》らない人《ひと》には、いたいところや つらいところを かくします。そこで、わたしの顔《かお》を おぼえてもらって、あんしんして見《み》せてくれるように するのです。

2

毎日《まいにち》、「おはよう。」と言《い》いながら 家《いえ》の中《なか》へ入《はい》り、こえもおぼえてもらうように しています。

（令和二年度版 光村図書 国語二上 たんぽぽ うえだ みや）

1 (1) どうぶつたちは、どんな 人《ひと》には、いたい ところや つらい ところを かくすのですか。

よく知らない人

(2) ひっしゃが、じぶんの 顔《かお》を どうぶつたちに おぼえて もらうのは、なんの ため ですか。○を つけましょう。

(　)どうぶつと なかよく なって あそびたいから。

(○)いたい ところや つらい ところを 見《み》せてもらう ため。

2 ひっしゃが、毎日《まいにち》、「おはよう。」と 言《い》いながら 家《いえ》の 中《なか》に 入るのは、なんの ためですか。

こえもおぼえてもらう ように する ため。

65

66頁

どうぶつ園《えん》のじゅうい (4)

名まえ

つぎの 文《ぶん》しょうを 二回《にかい》 読《よ》んで、こたえましょう。

1

見回《みまわ》りがおわるころ、しいくいんさんに よばれました。いのししのおなかに 赤《あか》ちゃんがいるかどうか、みてほしいと いうのです。

※しいくいん…どうぶつの へやを そうじしたり、えさを やったり する 人《ひと》。

2

おなかの中《なか》のようすを ㋐さぐるためには、きかいを おなかに当《あ》てなければ なりません。

（令和二年度版 光村図書 国語二上 たんぽぽ うえだ みや）

1 (1) じゅういは、いつ、しいくいんさんに よばれましたか。

見回りがおわるころ。

(2) しいくいんさんは、どんな ことを みて ほしいと いうのですか。

いのしし の おなかに 赤ちゃん が いるか どうか。

2 (1) ㋐さぐると おなじ ことを あらわす ほうに ○を つけましょう。

(　)さっと 見《み》つける。

(○)見《み》えない ところを しらべる。

(2) おなかに なにを 当《あ》てて さぐりますか。

きかい

66

67頁

どうぶつ園《えん》のじゅうい (5)

名まえ

つぎの 文《ぶん》しょうを 二回《にかい》 読《よ》んで、こたえましょう。

1

いのししの おなかに 赤《あか》ちゃんが いるか どうかを さぐる ために、きかいを おなかに 当《あ》てなければ なりません。

いのししが こわがらないように、しいくいんさんが えさをたべさせ、㋐その間《あいだ》に、そっと当《あ》ててみました。

2

㋑まちがいありません。おなかの中《なか》に、赤《あか》ちゃんがいました。

（令和二年度版 光村図書 国語二上 たんぽぽ うえだ みや）

1 (1) しいくいんさんが、いのししに えさを たべさせたのは、なぜですか。○を つけましょう。

(　)いのししが おなかを すかせて いるから。

(○)いのししが きかいを こわがらないように する ため。

(2) ㋐その間《あいだ》とは、なんの 間《あいだ》ですか。

しいくいんさん が えさをたべさせ て いる 間。

2 どんな ことが ㋑まちがい ありません だったのですか。

いのししの おなかの中に赤ちゃんがいた こと。

67

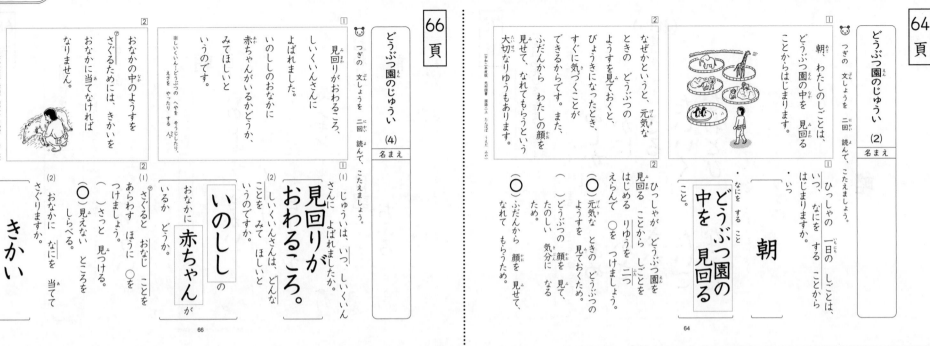

68頁

全文読解《ぜんぶんどっかい》

どうぶつ園《えん》のじゅうい (6)

名まえ

きょうか書《しょ》の「どうぶつ園《えん》のじゅうい」を 読《よ》んで、こたえましょう。

(1) ひっしゃは、どうぶつ園《えん》で なんの しごとを して いますか。

じゅうい

(2) つぎの ①〜⑦は、ある日《ひ》の ひっしゃが した しごとの じゅんばんです。（ ）に あてはまる ことばを □から えらんで 書《か》きましょう。

	いつ	どうぶつの名前《なまえ》	ひっしゃのしごと
①	（朝）		どうぶつ園《えん》を 見回《みまわ》る。
②	（見回り）が 終《お》わるころ	（いのしし）	おなかに（きかい）を 当《あ》てた。
③	お昼前《ひるまえ》	にほんざる	（くすり）を のませた。
④	お昼《ひる》すぎ	ワラビー	はぐきの（ちりょう）を した。
⑤	夕方《ゆうがた》	（ペンギン）	ボールペンを はかせた。
⑥	一日《いちにち》の しごとの（おわり）		きょうの できごとや 気《き》が ついた ことを（日記）に 書《か》く。
⑦	どうぶつ園《えん》を 出《で》る（前）に		かならず 体《からだ》を あらう。（おふろ）に 入《はい》り、

・前《まえ》 ・おわり ・朝《あさ》 ・見回《みまわ》り

・ペンギン ・いのしし

・日記《にっき》 ・くすり ・おふろ ・ちりょう ・きかい

69頁

ことばあそびを しよう (1)

名まえ

(1) 「あ」「い」「う」「え」「お」で はじまる ことばを 書《か》きましょう。

（れい）

① 「あ」 （れい）あさがお あいさつ

② 「い」 いろがみ いちご

③ 「う」 うみ うちわ

④ 「え」 えんぴつ えのぐ

⑤ 「お」 おんがく おりがみ

(2) 「あいうえお」を つかって、文《ぶん》を つくりましょう。

（れい）

㋐ あさだ

㋑ いっしょに

㋒ うたを うたえば

㋓ えがおの

㋔ おひさま かがやくよ

㋐ ㋑ ㋒ ㋓ ㋔

略

70頁

ことばあそびを しよう (2)

名まえ

(1) 「あ」「か」「さ」「た」「な」で はじまる ことばを 書《か》きましょう。

（れい）

① 「あ」 あしか あめ

② 「か」 かに かさ

③ 「さ」 さる さかな

④ 「た」 たいいく たいこ

⑤ 「な」 なわとび なふだ

(2) 「あかさたな」を つかって、文《ぶん》を つくりましょう。

（れい）

㋐ あかい

㋕ かにの きょうだいが

㋚ さんびき そろって

㋟ たのしそうに

㋤ ならんで いくよ。

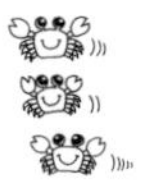

㋐ ㋕ ㋚ ㋟ ㋤

略

71頁

ことばあそびを しよう (3)

名まえ

つぎの 数《かぞ》えことばや 数《かぞ》えうたを 二回《にかい》 読《よ》んで、こたえましょう。

1

ひい ふう みい よう

いつ むう なな やあ

ここのつ とお

2

いちじく にんじん

さんしょに しいたけ

ごぼうに むかごに

ななくさ はったけ

きゅうりに とうがん

（令和二年度版 光村図書 国語二上 たんぽぽ 「ことばあそびをしよう」による）

1 つぎの ①〜⑥の 「数《かぞ》えことば」は どんな 数字《すうじ》を あらわして いますか。かん字《じ》で 書《か》きましょう。

① ひい 一

② みい 三

③ よう 四

④ いつ 五

⑤ むう 六

⑥ やあ 八

2 つぎの ことばは、どんな 数字《すうじ》を あらわして いますか。かん字《じ》で 書《か》きましょう。

① にんじん 二

② しいたけ 四

③ ごぼう 五

④ はったけ 八

⑤ きゅうり 九

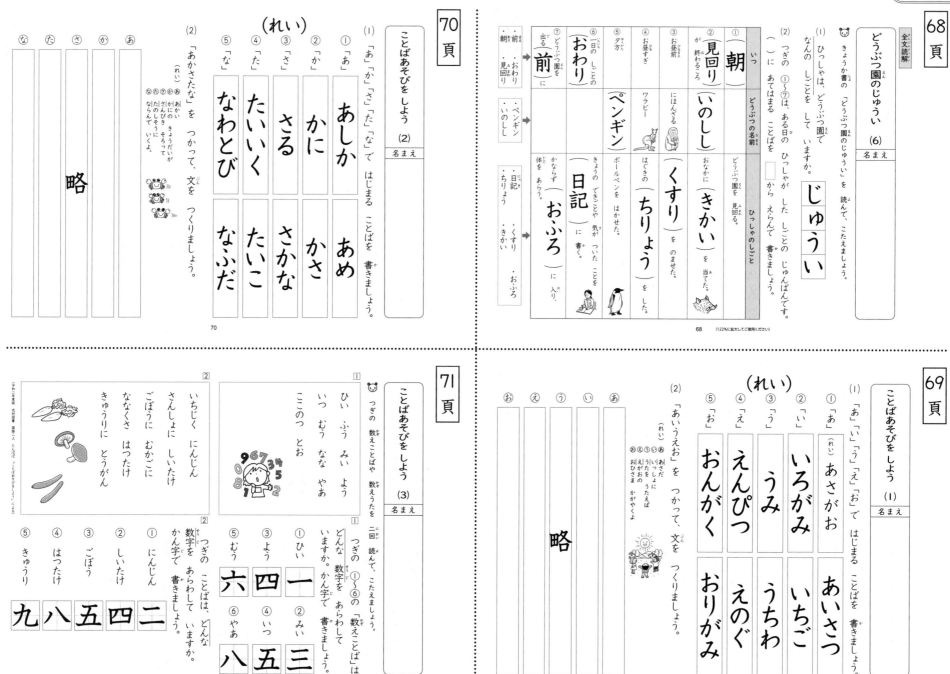

解答例

本書の解答は，あくまでもひとつの例です。児童に取り組ませる前に，必ず指導される方が問題を解いてください。指導される方の作られた解答をもとに，児童の多様な考えに寄り添って○つけをお願いします。

72頁

なかまの ことばと かん字《じ》
なまえことば (1)

名まえ

ことばには、なかまと いえる ものが あります。どんな なかまの ことばが あるのか 考《かんが》えてみましょう。

● つぎの 絵《え》は、どれも 「家《いえ》の人《ひと》(かぞく)」を あらわして います。絵《え》を 見《み》て、□に あう なかまの ことばを □から えらんで 書《か》きましょう。

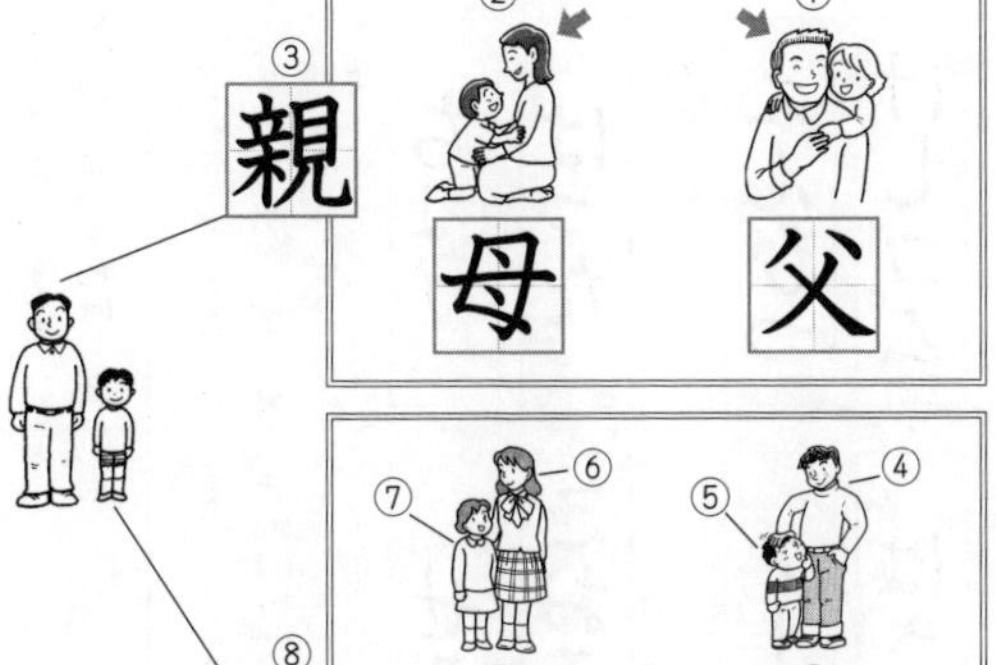

① 父
② 母
③ 親
④ 兄
⑤ 弟
(男《おとこ》の きょうだい)
⑥ 姉
⑦ 妹
(女《おんな》の きょうだい)
⑧ 子

親《おや》・子《こ》・父《ちち》・母《はは》・姉《あね》・弟《おとうと》・妹《いもうと》・兄《あに》

72

73頁

なかまの ことばと かん字《じ》
なまえことば (2)

名まえ

● 絵《え》に あう なかまの なまえことばを □から えらんで 書《か》きましょう。

(1) 「一日《いちにち》」の いつ(とき)を あらわす ことば

① 朝
② 昼
③ 夜
④ 午前
正午《しょうご》
午後

夜《よる》・昼《ひる》・朝《あさ》・午前《ごぜん》・午後《ごご》

(2) 「天気《てんき》」を あらわす ことば

① 晴れ
② くもり
③ 雪
④ 雨

雨《あめ》・くもり・雪《ゆき》・晴《は》れ

73

74頁

なかまの ことばと かん字《じ》
なまえことば (3)

名まえ

● 絵《え》に あう なかまの なまえことばを □から えらんで 書《か》きましょう。

(1) 「教科《きょうか》」を あらわす ことば

① 国語
② 音楽
③ 算数
④ 体いく

国語《こくご》・算数《さんすう》・音楽《おんがく》・体《たい》いく

(2) 「色《いろ》」を あらわす ことば

① 赤い りんご
② ひまわり 黄色《いろ》い 花《はな》
③ 青い 空《そら》 白い 雲《くも》
④ からす 黒い 鳥《とり》

黄《き》・白《しろ》・青《あお》・赤《あか》・黒《くろ》

74

75頁

なかまの ことばと かん字《じ》
なまえことば (4)

名まえ

● 絵《え》に あう なかまの なまえことばを 下《した》の □から えらんで 書《か》きましょう。

(1) 「からだの ぶぶん」を あらわす ことば

① かみ
② 耳
③ はな
④ 手
⑤ まゆ
⑥ 目
⑦ 口
⑧ 足

かみ 手《て》 耳《みみ》 はな まゆ 足《あし》 口《くち》 目《め》

(2) 「お金《かね》」を あらわす ことば

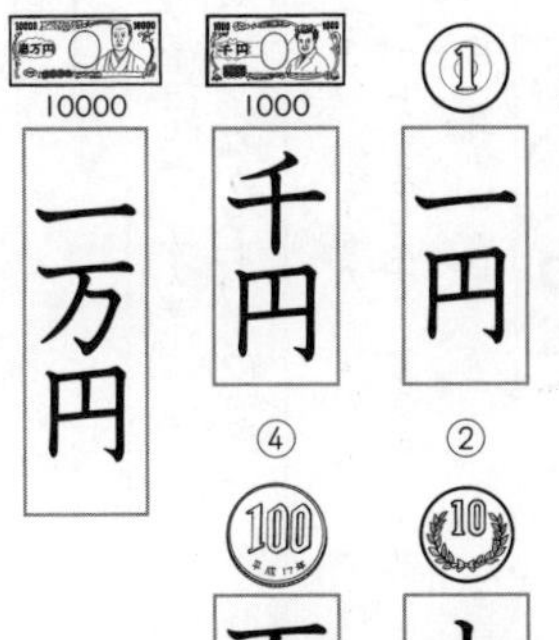

① 一円
② 十円
③ 千円
④ 百円
⑤ 一万円

百円《ひゃくえん》 一円《いちえん》 千円《せんえん》 十円《じゅうえん》 一万円《いちまんえん》

75

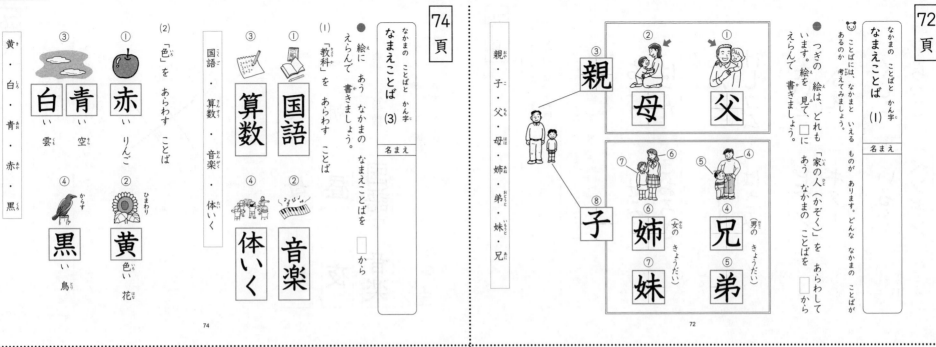

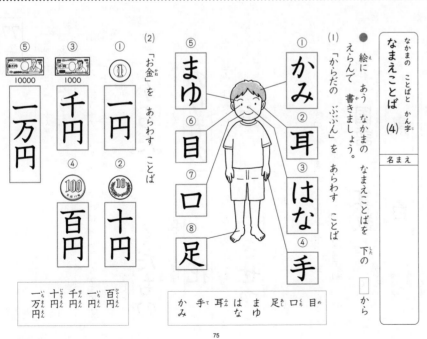

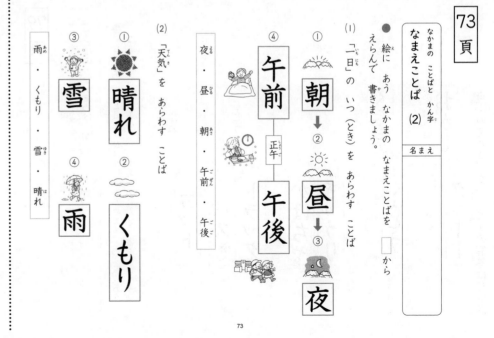

76頁

なかまの ことばと かん字《じ》 ことばの なかまわけ (1)

名まえ

(1) つぎの ①〜③の なかまの ことばを 下《した》から えらんで ——線《せん》で つなぎましょう。

① 色《いろ》 —— 赤《あか》—青《あお》—黄《き》
② 天気《てんき》 —— 晴《は》れ—雨《あめ》—くもり
③ お金《かね》 —— 一円《いちえん》—百円《ひゃくえん》—千円《せんえん》

(2) つぎの ①〜③の なかまの ことばを □から えらんで、□に 二《ふた》つずつ 書《か》きましょう。

① 家《いえ》の人《ひと》　父《ちち》—母—妹
② 一日《いちにち》　朝《あさ》—昼—夜
③ 教科《きょうか》　算数《さんすう》—国語—音楽

昼《ひる》・母《はは》・国語《こくご》・妹《いもうと》・音楽《おんがく》・夜《よる》

76

77頁

なかまの ことばと かん字《じ》 ことばの なかまわけ (2)

名まえ

(1) つぎの ①〜⑥の ことばは、どんな なかまですか。□から えらんで 書《か》きましょう。

① 目《め》・耳《みみ》・口《くち》・足《あし》　からだ
② かき・もも・なし　くだもの
③ 電車《でんしゃ》・ひこうき　のりもの
④ 朝顔《あさがお》・たんぽぽ　花
⑤ せみ・はち・とんぼ　虫
⑥ 春《はる》・夏《なつ》・秋《あき》・冬《ふゆ》　きせつ

花《はな》・くだもの・きせつ・虫《むし》・からだ・のりもの

(2) つぎの ①〜③の なかまの ことばを 下《した》の □から 二《ふた》つずつ えらんで、かん字《じ》に なおして 書《か》きましょう。

① 教科《きょうか》　国語・算数
② 色《いろ》　黒・白
③ お金《かね》　百円・千円

・こくご ・くろ ・せんえん ・しろ ・さんすう ・ひゃくえん

77

78頁

なかまの ことばと かん字《じ》 ことばの なかまわけ (3)

名まえ

● つぎの ①〜④の なかまの なまえことばを 下《した》の □から えらんで 書《か》きましょう。

① 虫《むし》　ちょう・せみ　ばった・こおろぎ
② 文《ぶん》ぼうぐ　えんぴつ・ノート　けしゴム・はさみ
③ がっき　たいこ・ピアノ　ふえ・ギター
④ 海《うみ》に いる いきもの　くじら・いるか　らっこ・ペンギン

えんぴつ　たいこ　ちょう　くじら　いるか　ピアノ　せみ　ノート　ふえ　らっこ　ばった　ペンギン　こおろぎ　けしゴム　ギター　はさみ

78

79頁

なかまの ことばと かん字《じ》 ことばの なかまわけ (4)

名まえ

● なかまの ことばを ひょうに まとめます。□に あう なまえことばを 下《した》の □から えらんで 書《か》きましょう。

(1) のりもの
- ふね：ボート、① ヨット
- じどう車《しゃ》：② バス※、③ トラック※

バス　ヨット　トラック

(2) たべもの
- やさい：③ かぼちゃ※、④ きゅうり※
- ① くだもの：バナナ、⑤ ぶどう
- ② おかし：あめ、⑥ クッキー

おかし　かぼちゃ　ぶどう　きゅうり　くだもの　クッキー

※(1)の②と③、(2)の③と④の解答は順不同

79

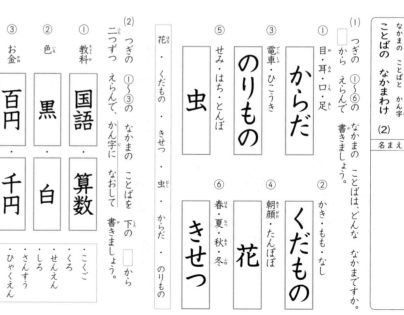

本書の解答は，あくまでもひとつの例です。児童に取り組ませる前に，必ず指導される方が問題を解いてください。指導される方の作られた解答をもとに，児童の多様な考えに寄り添って○つけをお願いします。

80頁

なかまの ことばと かん字《じ》
うごきを あらわす ことば (1)

名まえ

● つぎの 絵《え》の 子《こ》どもの うごきを あらわす ことばを □から えらんで 書《か》きましょう。

1

① はしる
② ころぶ
③ 木《き》の えだに ぶら下がる
④ ボールを なげる
⑤ ボールを うける
⑥ ボールを ける

2

① ぴょんぴょんと とぶ
② 上《うえ》に 立つ
③ かいだんを のぼる
④ すべり台《だい》を すべる

1 なげる　うける　ころぶ　はしる　ぶら下《さ》がる　ける

2 のぼる　すべる　立《た》つ　とぶ

81頁

なかまの ことばと かん字《じ》
うごきを あらわす ことば (2)

名まえ

● つぎの 絵《え》の 子《こ》どもの うごきを あらわす ことばを 下《した》の □から えらんで 書《か》きましょう。

① 本《ほん》を 読む
② カードを ならべる
③ 字《じ》を 書く
④ はさみで かみを 切る
⑤ ねん土《ど》を こねる
⑥ おりがみを おる
⑦ 絵《え》のぐを ぬる
⑧ のりで かみを はる
⑨ つくえの 下《した》に もぐる
⑩ 色《いろ》がみを ちぎる

切《き》る　書《か》く　ぬる　読《よ》む　こねる　ならべる　もぐる　おる　はる　ちぎる

82頁

ひらがなと かたかな
かなづかい (1)
(のばす 音《おん》「お」・「う」／「い」・「え」)

名まえ

(1) かなづかいが 正《ただ》しい ことばの ほうに ○を つけましょう。

① 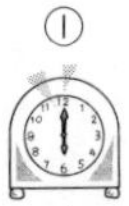 (　)とけえ (○)とけい
②  (○)かきごおり (　)かきごうり
③  (○)どうろ (　)どおろ
④  (○)ひこうき (　)ひこおき
⑤  (○)おとうと (　)おとおと
⑥  (　)すいええ (○)すいえい

(2) 絵《え》を 見《み》て、□に あう 字《じ》を ひらがなで 書《か》きましょう。

①  え[い]が
②  こ[お]ろぎ
③  おと[う]さん
④  おね[え]さん

のばす 音《おん》は、ふつう、「い」や、「う」を つかって 書《か》く ことが 多《おお》いよ。でも、「こおろぎ」「こおり」「おおかみ」などの ときは「お」、「おねえさん」の ときは、「え」を つかって 書《か》くのだったね。

83頁

ひらがなと かたかな
かなづかい (2)
(「ず」・「づ」／「じ」・「ぢ」)

名まえ

(1) かなづかいが 正《ただ》しい ことばの ほうに ○を つけましょう。

①  (　)かんずめ (○)かんづめ
②  (　)おみくぢ (○)おみくじ
③  (○)みみず (　)みみづ
④  (○)おりづる (　)おりずる
⑤  (○)はなぢ (　)はなじ
⑥  (　)みかずき (○)みかづき

(2) かなづかいが 正《ただ》しい ほうを ○で かこみましょう。

① せんたくすると セーターが (ちじんだ・**ちぢんだ**)。 
② (**たからじま**・たからぢま) の (**ちず**・ちづ) を ひろう。 
③ 「(**赤ずきん**・赤づきん)」の 本《ほん》の (つずき・**つづき**) を 読《よ》む。 

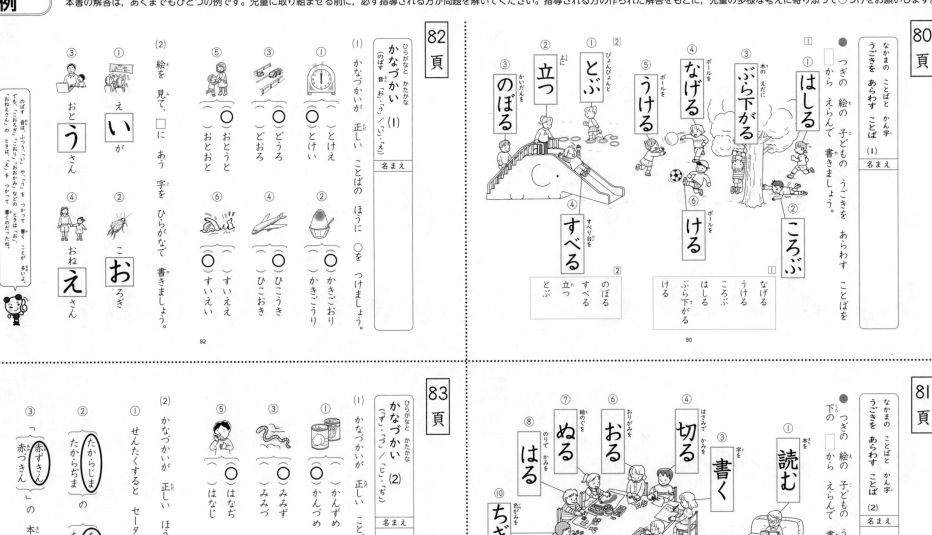

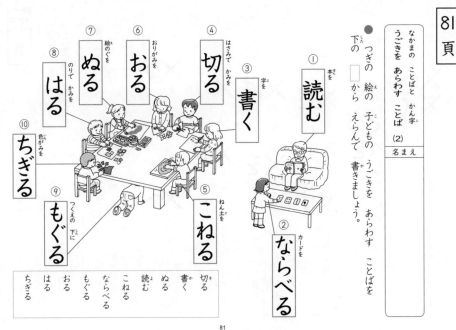

84頁

ひらがなと かたかな
かなづかい (小《ちい》さく 書《か》く 文字《もじ》) (3)
名まえ

(1) 絵《え》に あう 正《ただ》しい ことばの ほうに ○を つけましょう。

①  (　)にんぎょ　(○)にんぎょう

②  (　)かぼちや　(○)かぼちゃ

③  (　)きうり　(○)きゅうり

④  (○)じょうろ　(　)じよろ

⑤  (　)ぎうにう　(○)ぎゅうにゅう

⑥  (　)しょき　(○)しょっき

(2) 文《ぶん》しょうに あう ことばの ほうを ○で かこみましょう。

① 姉《あね》は、｛**にんぎょ**／にんぎょう｝の ように、海《うみ》の 中《なか》を およいだ。

② 母《はは》は、｛**びよういん**／びょういん｝へ かみを 切《き》りに 行《い》った。

③ 大《おお》けがを した 兄《あに》は、｛びよういん／**びょういん**｝へ むかった。

85頁

ひらがなと かたかな
かなづかい (かたかな) (4)
名まえ

(1) 書《か》き方《かた》が 正《ただ》しい ことばの ほうに ○を つけましょう。

①  (　)ロケト　(○)ロケット

②  (○)ゼリー　(　)ゼリイ

③  (○)スプーン　(　)スプン

④  (　)ジュウス　(○)ジュース

(2) 絵《え》を 見《み》て □に あう 字《じ》を かたかなで 書《か》きましょう。

①  ド［ー］ナツ

②  ベ［ツ］ド

③  キ［ャ］ンプ

④  チ［ュ］ーリップ

(3) つぎの 絵《え》の ことばの 書《か》き方《かた》が まちがって います。正《ただ》しく かたかなで 書《か》きなおしましょう。

①  シヤワア → シャワー

②  ケチャプ → ケチャップ

86頁

ひらがなと かたかな
くっつきの「は・を・へ」とかなづかい (1)
名まえ

● かなづかいが 正《ただ》しい ほうを ○で かこみましょう。

① 空《そら》｛**を**／お｝ 見上《みあ》げると、みか｛ず／**づ**｝きが 見《み》えた。

② おね｛い／**え**｝さんが はな｛**ぢ**／じ｝を 出《だ》した。

③ く｛ぢ／**じ**｝ら｛**は**／わ｝、海《うみ》｛**を**／お｝ ゆうゆうと およぐ。

④ ぼく｛**は**／わ｝、つくえの 上《うえ》｛**を**／お｝ かた｛ず／**づ**｝けた。

⑤ えき｛**へ**／え｝ おと｛お／**う**｝さん｛**を**／お｝ むかえに 行《い》く。

⑥ わたし｛**は**／わ｝、おり｛ず／**づ**｝る｛**を**／お｝ おった。

87頁

ひらがなと かたかな
くっつきの「は・を・へ」とかなづかい (2)
名まえ

● つぎの 文《ぶん》で、かなづかいが まちがって いる 字《じ》に ×を つけて、正《ただ》しい 字《じ》を その 右《みぎ》よこに 書《か》きましょう。
(まちがいは 二《ふた》つずつ あります。)

① ぼ×(う)しを かぶって、こうえん×(へ) 行《い》った。

② すいと×(う) べんとう×(を) もって、えんそくに 出《で》かけた。

③ わたし×(は) 小《ちい》さな はし×(を) ゆっくり わたった。

④ にわの ×(じ)めんを ほると、みみ×(ず)が 出《で》て きた。

⑤ みかんの かん×(づ)め×(を) あけて たべた。

⑥ いえ×(へ) か×(え)る とちゅう、雨《あめ》が ふって きた。

本書の解答は，あくまでもひとつの例です。児童に取り組ませる前に，必ず指導される方が問題を解いてください。指導される方の作られた解答をもとに，児童の多様な考えに寄り添って○つけをお願いします。

88頁

ことばの たからばこ (1)
（ようすを あらわす ことば）

名まえ

じんぶつや ものの ようすを あらわす ことばの つかい方《かた》を たしかめましょう。

(1) つぎの 文《ぶん》に あう ほうの ことばに ○を つけましょう。

① スポーツせんしゅの 体《からだ》は、{（○）たくましい （　）よわい}。

② {（　）元気《げんき》の ある （○）ちえの ある}人《ひと》は、いつも よい 考《かんが》えを 思《おも》いつく。

③ ぼくは、{（○）そそっかしい （　）明《あか》るい}ので、よく わすれものを する。

(2) つぎの 文《ぶん》の □に あてはまる ことばを、□から えらんで 書《か》きましょう。

① がいこくの **めずらしい** くだものを たべた。

② せが 高《たか》い 兄《あに》は、どこに いても よく **目立つ**。

③ 大《おお》きな ばったは、**すばやい** うごきで にげた。

・目立《めだ》つ　・すばやい　・めずらしい

89頁

ことばの たからばこ (2)
（気《き》もちを あらわす ことば）

名まえ

気《き》もちを あらわす ことばの つかい方《かた》を たしかめましょう。

(1) つぎの 文《ぶん》に あう ほうの ことばに ○を つけましょう。

① 人《ひと》から「ありがとう。」と 言《い》われると、{（○）気《き》もちが いい （　）気《き》もちが わるい}。

② あしたの えんそくが 楽《たの》しみで、{（　）おろおろする （○）わくわくする}。

③ やくそくの じかんに まにあって {（○）ほっとする （　）しんぱいする}。

(2) つぎの 文《ぶん》の □に あてはまる ことばを、□から えらんで 書《か》きましょう。

① 弟《おとうと》は ころんでも **へいき** そうに わらった。

② シャワーで あせを ながして、**さっぱり** した。

③ リレーの バトンを おとしたのは、**ざんねん** だった。

・ざんねん　・へいき　・さっぱり

「ミリーのすてきなぼうし」

喜楽研の支援教育シリーズ
ゆっくり　ていねいに学べる
国語教科書支援ワーク 2-① 光村図書の教材より抜粋

2023 年 3 月 1 日

原稿検討：中村　幸成
イラスト：山口　亜耶　他
表紙イラスト：鹿川　美佳
表紙デザイン：エガオデザイン
企画・編著：原田　善造・あおい　えむ・今井　はじめ・さくら　りこ・中田　こういち
なむら　じゅん・ほしの　ひかり・堀越　じゅん・みやま　りょう（他４名）
編集担当：中川　瑞枝

発行者：岸本　なおこ
発行所：喜楽研（わかる喜び学ぶ楽しさを創造する教育研究所：略称）
〒604-0827　京都府京都市中京区高倉通二条下ル瓦町 543-1
TEL 075-213-7701　FAX 075-213-7706　HP https://www.kirakuken.co.jp
印刷：株式会社米谷

ISBN : 978-4-86277-387-6

Printed in Japan